# 质量与安全

## ——第二届“机动车驾驶培训与道路交通安全国际论坛”成果汇编

北京京安驾驶人安全与素养研究院　编

人民交通出版社股份有限公司
China Communications Press Co.,Ltd.

## 内 容 提 要

本书是以“质量与安全”为主题的第二届“机动车驾驶培训与道路交通安全国际论坛”成果汇编，包括直击国际论坛、领导致辞实录、嘉宾精彩演讲、国际经验交流、征文选编五部分内容。

本书适合从事道路交通安全和机动车驾驶培训行业的管理者、相关协会工作者和驾驶培训经营者等参考阅读。

**图书在版编目（CIP）数据**

质量与安全：第二届“机动车驾驶培训与道路交通安全国际论坛”成果汇编 / 北京京安驾驶人安全与素养研究院编．—北京：人民交通出版社股份有限公司，2017.9

ISBN 978-7-114-14131-7

Ⅰ．①质…　Ⅱ．①北…　Ⅲ．①汽车驾驶员—技术培训—国际学术会议—文集②道路交通安全法—国际学术会议—文集　Ⅳ．① U471.3-53 ② D912.296-53

中国版本图书馆 CIP 数据核字 (2017) 第 213743 号

Zhiliang yu Anquan

**书　　名**：**质量与安全**——第二届“机动车驾驶培训与道路交通安全国际论坛”成果汇编

**著 作 者**：北京京安驾驶人安全与素养研究院

**责任编辑**：范才彬　刘　洋

**出版发行**：人民交通出版社股份有限公司

**地　　址**：(100011) 北京市朝阳区安定门外外馆斜街 3 号

**网　　址**：http://www.ccpress.com.cn

**销售电话**：(010)65290014

**总 经 销**：人民交通出版社股份有限公司

**经　　销**：各地新华书店

**印　　刷**：中国电影出版社印刷厂

**开　　本**：787 × 980　1/16

**印　　张**：11.5

**字　　数**：185 千

**版　　次**：2017 年 9 月　第 1 版

**印　　次**：2017 年 9 月　第 1 次印刷

**书　　号**：ISBN 978-7-114-14131-7

**定　　价**：48.00 元

（有印刷、装订质量问题的图书由本公司负责调换）

## 编　写　组

李　洁　曹仁磊　周志强　曾　诚

闫文辉　顾燏鲁　王　杰　刘静梅

王金霞　王学忠　范才彬　刘建莹

赵　旭　徐孟宁

## 特别鸣谢

人民交通出版社股份有限公司

东方时尚驾驶学校股份有限公司

# 

“质量与安全”作为第二届“机动车驾驶培训与道路交通安全国际论坛”的主题，既是第一届论坛“责任与安全”主题的深化，也是对驾驶培训从应试教学向素质教育转变的必然要求。

在我国，随着社会经济高速发展，汽车进入家庭已经成为现实，汽车的保有量正在以惊人速度增长，驾驶人数量也随之迅猛增加。据统计，自2010年以来，全球汽车保有量已突破10亿辆，我国机动车保有量突破3亿辆，在用汽车保有量已突破2亿辆，增量增速达到世界第一。

我国每年有2000多万人进入驾驶人队伍，由此带来的道路拥堵及交通安全问题也凸显出来，亟待破解，驾驶人的素质有待提高，所以，我们的驾驶培训既承担着重大责任，又面临着社会需求的机遇与挑战——提升驾驶培训质量永远在路上。

纵观世界汽车及道路交通安全发展历史，无不与规范驾驶人的行为、提升驾驶人的素质息息相关，世界各国的驾驶培训也随之不断完善，特别是步入汽车社会较早的国家都积累了不少值得我们借鉴的经验。我国的驾驶培训行业起步较晚，市场大潮的冲击，迫切要求我们改进运营模式，提高培训水平。今天，我们站在国际舞台，与世界各国同仁进行交流与学习，其意义将会在驾驶培训行业发展中不断显现。

本届论坛荟萃了国内外业界专家及精英，大家就共同关心的问题进行了深入研讨，特别是素质教育的话题，牵动着方方面面。大家普遍认为，打破应试教育的陈旧模式，向素质教育转变，是提高驾驶培训质量，培养高素质的合格驾驶人，保障道路交通安全的根本出路。

驾驶培训就是要以提高每一位驾驶人尊重生命的意识，养成自觉遵守交通法规、文明驾驶、安全行车的素质为目标，培养具有良好的社会道德和熟练的开车技能的合格驾驶人。这既是驾驶培训素质教育的基本要求，也是驾驶培训应该达到的质量要求。这有赖于驾驶培训教学的规范化、制度化，关键要提高教练员的素质，不断创新培训模式。

本届论坛取得了很多成果，交流了宝贵经验，开阔了国际视野。把这些成果汇编成册，对于全面提升驾驶培训质量，具有较高的参考价值。

本书荟萃了国内外嘉宾的全部精彩演讲，以及沙龙和分论坛的讨论成果，还选编了征集论文，内容丰富而翔实。希望业界同仁以此为契机，为驾驶培训的创新发展继续做出努力。

交通运输部运输服务司

# 目　录

# 第一章

# 直击国际论坛

Chapter 1

Focus on the International Forum

# 第一节 论坛举办背景

## 一、我国道路交通安全形势

随着我国经济社会的高速发展，道路交通事业日益繁忙，机动车保有量和机动车驾驶人数量每年大量增加，道路拥堵和道路交通安全状况十分严峻。如何加强驾驶人安全意识教育，规范驾驶人文明驾驶行为，提高驾驶培训质量，保障道路交通安全，已成为引起严重关注的热点问题。

驾校训练场即景

据公安部交通管理局统计，截至 2017 年 3 月底，全国机动车保有量首次突破 3 亿辆，其中机动车驾驶人超过 3.64 亿人。预计未来 10 年，新驾驶人仍将以每年 2000 万人的速度增长。目前在我国每 3 个成年人中就有 1 名驾驶人，其中 26 ～ 50 岁的驾驶人占 75%，驾龄不满 1 年的驾驶人已达到 3234 万人，占全国机动车驾驶人总数的 8.88%。这些不断攀升的数字使机动车驾驶人的素质与交通安全的矛盾凸显出来，驾驶人安全文明素养的提升是改善交通秩序和交通安全环境的重要支撑。

《道路交通安全法》实施以来，我国道路交通法制建设与驾驶培训深化改革已经取得了初步成果，驾驶人严重交通违法和肇事呈现出下降趋势。2016 年与 2004 年相比，全国道路交通事故数量下降 58.8%，死亡人数下降 40.9%，重特大事故从每年 55 起下降至 11 起，降低 80%。

尽管如此，当前我国道路交通安全局面仍然堪忧，驾驶人文明素质亟待提高。超速行驶、超员超载、强行超车、疲劳驾驶、酒后驾驶、争道抢行、违法停车、闯红灯、无牌无证等严重交通违法行为仍是城市致堵致乱的重要因素，也是导致交通事故的重要成因。亟须继续加强全社会的交通安全观念教育，提高驾驶人交通文明意识，依法规范交通参与者的行为。

交通安全局面堪忧

正是在这一背景下，“机动车驾驶培训与道路交通安全国际论坛”应运而生，它承载着广大驾驶培训人的责任和使命，得到了道路交通管理部门及广大驾驶培训机构的重视和支持。

## 二、首届论坛回顾

为了借鉴国际上优秀的驾驶培训管理经验，进一步提升我国驾驶培训行业的发展水平，在政府有关部门的大力支持下，全国各地驾驶培训协会共同发起了首届“机动车驾驶人培训与道路交通安全国际论坛”，该论坛于 2016 年 6 月在北京国际会议中心成功举行，取得了如下成果：

1. 以“责任与安全”为主题，达成了“驾驶培训是交通安全的第一关口”的国际共识，传递出驾驶培训从业者直面责任、勇担责任的心声。

2. 形成了培养驾驶人扎实的驾驶技能、自觉的安全意识和文明的驾驶习惯，是驾驶培训机构对学员、对公众、对社会提供的最有价值的服务理念，发出了驾驶培训从应试教育向素质教育转变的呼声。

3. 奠定了论坛以“安全”为主基调的使命基础，为我国的道路交通安全管理者和驾驶培训从业人员搭建起了一个国际交流的平台。

4. 编辑出版了《责任与安全——首届“机动车驾驶人培训与道路交通安全国际论坛”成果汇编》，成为驾培机构改革的重要参考。

## 三、后续行动

首届论坛后，伴随交通管理部门的改革步伐，我国驾驶培训改革呈现出良好的发展势头。2016 年 8 月 30 日，交通运输部联合公安部印发了《机动车驾驶培训教学与考试大纲》，并依据新版大纲修订了机动车驾驶培训素质教育规范化教材；2016 年 9 月，交通运输部与工商总局发布了计时培训合同范本，并于 10 月 1 日起实施“计时培训”；2016 年 11 月 22 日，全国信用驾培倡导大会在北京隆重举行，来自全国各地的机动车驾驶培训机构负责人和有关专家等近 400 人参加了大会。大会宣读并通过了《信用驾培自律公约》《信用驾培承诺》，发布了《信用驾培北京宣言》，各履约单位代表签订了《信用驾培自律公约》，坚定“信用驾培”信念，对驾驶培训行业健康发展起到了引导作用。

# 第二节　第二届论坛筹备与组织

为进一步提高机动车驾驶培训质量水平，满足日益增长的道路交通安全需要，增强驾校学员交通安全意识、法治意识、文明意识，从源头上预防和减少道路交通事故，推动驾驶培训从应试教育向素质教育转变，在公安部交通管理局、交通运输部运输服务司的支持和指导下，论坛组委会决定，于 2017 年 6 月 16 日—17 日在北京宽沟会议中心举行第二届论坛，确定了在第一届论坛的基础上，进一步扩大国际交流，全面提升驾驶培训质量与道路交通安全水平，引领机动车驾驶培训行业改革、创新、发展的大方向。

## 一、确立主题

基于进一步深化论坛主题，促进驾驶培训行业国际交流，推动驾驶培训从应试教育向素质教育转变，提升全民交通安全文明意识，根据我国目前交通安全形势，以及驾驶培训行业面临的质量提升需要，第二届论坛的主题确定为：质量与安全。

这一主题契合了我国经济进入“质量时代”的发展要求，对驾驶培训行业质量提升具有开拓性意义。

## 二、问卷调查

为了总结首届论坛经验，使第二届论坛更好地服务驾驶培训行业的改革需要，组委会组织了一次全国驾驶培训行业问卷调查。共计收到了来自 19 个省（自治区、直辖市）的 96 位同仁填写的问卷。89.6% 的人认为首届论坛提升了责任感，79.2% 的人表示开阔了眼界，70.8% 的人认为加强了交流，51% 的人表示提升了自己的业务能力，80.2% 的人认为非常实用。互联网驾驶培训、道路交通安全教育、企业文化、素质教育、培训质量、法律法规仍然是大家关注的焦点内容。其中，互联网驾驶培训位列第一，可见，在“互联网 +”的大环境下，如何借助互联网传播手段，实现驾驶培训模式创新，仍然是普遍关注的焦点。

从首届论坛嘉宾的演讲来看，80% 的人认为在驾驶培训行业发展方面受益颇多，在政策方面和业务提升上，也有一定的收获。其次，开阔了视野，世界各地的驾驶培训经验也受到关注。

教练员培训与管理、考试标准及质量也是参会者最感兴趣的两个话题。答卷同仁普遍希望论坛进一步加强政策业务交流和国际交流，提高驾驶培训水平。

## 三、组织工作

本届论坛在筹备与组织过程中，得到了公安部交通管理局、交通运输部运输服务司、公安部道路交通安全研究中心、交通运输部公路科学研究院的大力支持和指导。

北京京安驾驶人安全与素养研究院和东方时尚驾驶学校股份有限公司作为承办单位，与人民交通出版社股份有限公司、北京电视台红绿灯节目组、协力环宇经济文化交流中心以及各地方驾驶培训协会通力合作，对会议议程、嘉宾邀请、会场布置、大会服务等各个环节进行了精心的组织和安排，使大会取得了圆满成功。

# 第三节 论坛盛况

第二届论坛嘉宾签到大厅

## 一、论坛概况

**时　　间:** 2017年6月16日—17日。

**地　　点:** 北京市人民政府宽沟会议中心。

**主　　题:** 质量与安全。

**指导单位:** 公安部交通管理局、交通运输部运输服务司。

**主办单位:** 公安部道路交通安全研究中心、交通运输部公路科学研究院。

**承办单位:** 北京京安驾驶人安全与素养研究院、东方时尚驾驶学校股份有限公司。

**协办单位:** 北京、上海、河北、山西、内蒙古、江苏、浙江、安徽、湖南、云南、广州等省（自治区、直辖市）驾驶培训协会。

**支持单位:** 人民交通出版社股份有限公司、北京京安公益基金会。

**赞助单位:** 力帆实业（集团）股份有限公司。

**媒体支持单位:** 新华社、人民日报、经济日报、人民公安报、中国交通报、中央电视台、中国交通频道、北京电视台、北京交通广播、新浪网、搜狐网、腾讯网、凤凰网、百度网、优酷网、网易视频等。

**参会嘉宾:** 公安部交通管理局、交通运输部运输服务司有关领导及其研究机构负责人和专家；美国、英国、德国、瑞典、澳大利亚、印度、马来西亚以及中国香港特别行政区、中国台湾地区的驾驶培训机构负责人与专家；中国大陆各省（自治区、直辖市）重点驾驶培训机构负责人，近500人与会。

**媒体报道情况:** 中央电视台朝闻天下、中国交通频道、北京电视台、北京交通广播等广播电视媒体播发了新闻和报道；北京电视台红绿灯栏目制作并播出了5集“质量之路”专题报道；新华社、中新社、北京日报、参考消息等数十家新闻媒体发布了消息和报道。

媒体报道

新华网、中国网、新华社客户端、新浪网、搜狐网、腾讯网、凤凰网、百度网、优酷网、网易视频、中国道路运输网、中国资讯网、今日头条及驾驶引路人、驾研院微信公众号等100余家网络媒体发布了消息和新闻。

## 二、大会盛况

论坛精彩视频

2017年6月16日，第二届“机动车驾驶培训与道路交通安全国际论坛”在北京宽沟会议中心拉开了帷幕。公安部和交通运输部的有关领导、专家与国内外嘉宾齐聚一堂，又一次搭起了国际交流的桥梁。

开幕式会场

交通运输部运输服务司副司长蔡团结（左）与公安部交通管理局副局长王强（右）在会场

公安部道路交通安全研究中心副主任李晓东（前排右三）、交通运输部公路科学研究院副院长李斌（前排右四）与人民交通出版社总编辑韩敏（前排右二）在会场

北京市机动车驾驶人培训行业协会会长安钟岩在会场

上海市机动车驾驶员培训行业协会会长俞维林在会场

河北省机动车驾驶员培训行业协会会长王传伦在会场

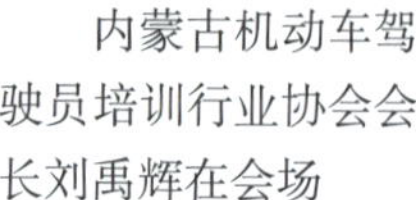

内蒙古机动车驾驶员培训行业协会会长刘禹辉在会场

江苏省机动车驾驶人培训行业协会代表杜蒙仙在会场

浙江省汽车驾驶员培训行业协会副会长李超（前排左）在会场

湖南省机动车驾驶员培训协会会长邹业长在会场

云南省机动车驾驶培训行业协会副会长陈俊在会场

广州市机动车驾驶培训行业协会常务副会长马宏谊在会场

国外嘉宾在会场

## （一）论坛组委会执行主席闫文辉致开幕辞

论坛组委会执行主席闫文辉在致开幕辞

尊敬的各位来宾，各位领导，女士们，先生们，大家早安。

首先请允许我代表中国驾培全体同仁，对诸位的莅临与支持表示衷心的感谢和热烈的欢迎。

“有朋自远方来，不亦乐乎！”此时此刻，我深深体会到这句话背后所蕴藏的感人力量。本届论坛，汇聚了世界各地、海峡两岸、大江南北的众多官员和同仁。特别是非常荣幸地得到了指导单位、主办单位、支持单位以及协办单位的鼎力支持。由各方面力量组成的组委会，从文案策划到会场的设计、布置，从嘉宾邀请到会务组织，从来宾接待到媒体宣传，从物资准备到车辆保障，做了大量深入细致的工作，保障了本届论坛的顺利召开。借此，我要特别感谢为此次论坛提供支持的各位媒体界朋友以及北京市政府宽沟会议中心的大力支持。

闫文辉致辞

北京是一座海纳百川、与时俱进的国际化大都市，在政治、文化、金融乃至创新等诸多方面独立潮头，领风气之先。一年前的今天，由全国热心于驾驶培训事业的行业精英发起的驾驶培训与道路交通安全国际论坛在北京诞生。经过一年的实践，已成功达到预期目的，道路交通安全理念在业内已经深入人心，获得了社会各界的热情参与和广泛好评。与会同仁于去年 11 月共同发起了信用驾驶培训创建活动，通过倡导《信用驾培北京宣言》、创新峰会、从业人员培训、安全公益广告推广、驾驶文化传播以及论坛知识出版等方式，让交通安全立源头、入人心、上电视、走直播、接地气。

古语有云："聚沙成塔，集腋成裘。"经过一年来的互动、研讨、交流，我们欣喜地看到，与会的驾驶培训同仁，无论是个人抑或团队，无论长幼抑或男女，无论江南抑或江北，皆能身体力行。与其说这是我们这些发起者的个人努力促成了国际论坛，不如说是大家对道路交通安全发自内心的担当和行业情怀的力量所使然。我们期望能够彼此砥砺，相互扶持，取长补短，共同进步，依托北京的中心优势，整合行业、社会、民间各种学术资源，建立一个道路交通安全的国际性交流中心。

第一届论坛以"责任与安全"为主题，就提升驾驶培训行业责任与安全意识进行了研讨，取得了丰硕成果，产生了广泛的社会影响。本届论坛将在此基础上，以"质量与安全"为主题，进一步扩大国际交流，推动驾驶培训向素质教育转变。驾驶培训与交通安全息息相关，世界一些先进国家对驾驶培训都给予了高度重视，并积累了许多值得互相借鉴的经验。我们举办本届论坛的目的，就是为了借鉴和学习国际上先进的驾驶培训管理经验，建立起与国际接轨的完善的驾驶培训质量体系，为建立安全、文明的道路交通环境提供有力保障。

我们期望，通过本届论坛的研讨，建立起提升驾驶培训质量的共识和认知，引领驾驶培训行业健康发展。

女士们，先生们。孔子曰："德不孤，必有邻。""近者悦，远者来。"今年，我们欣喜地看到，来自北京、上海、河北、山西、内蒙古、江苏、浙江、安徽、湖南、云南、广州等省（自治区、直辖市）驾驶培训行业协会负责人；来自美国、英国、德国、瑞典、澳大利亚、印度、马来西亚、韩国以及中国香港特别行政区和中国台湾地区的驾驶培训行业负责人和专家，还有我国大陆各地驾驶培训机构负责人，交管、运管的各级领导汇聚北京，共同谱写道路交通安全乐章。

我想，之所以"机动车驾驶培训与道路交通安全国际论坛"成为令人瞩目的道路安全盛会，原因无他，只因我们每个人心中都有一个驾驶安全情结，驾驶人的素养是影响道路交通安全的重要因素，驾驶培训与考试是培养驾驶人安全文明意识，保障道路交通安全、畅通的第一道堡垒。

本届论坛的召开，适应了时代的需要，必将产生深远意义。让我们齐心协力，在本届论坛的起点上担负起历史的责任，吸取有益的国际经验，为提升全民的交通安全意识，建立生态、安全、文明的道路交通环境而奋斗！

最后，预祝本届论坛取得圆满成功！祝愿各位嘉宾在北京期间身体健康，心情愉快！谢谢大家。

### （二）领导致辞

公安部交通管理局副局长王强、交通运输部运输服务司副司长蔡团结分别代表政府主管部门致辞（详见第二章）。

### （三）嘉宾精彩演讲

来自美国、英国、德国、瑞典、澳大利亚、印度以及中国香港特别行政区、中国台湾地区的嘉宾和北京、上海、河北、云南的驾校负责人分别做主旨演讲（详见第三章）。

### （四）沙龙论坛

6月17日上午举行了沙龙论坛。国内外业界精英坐在主席台上，就共同关心的话题展开了讨论，并和台下与会代表互动，回答问题，不时迸出思想的火花（详见第四章）。

### （五）分论坛圆桌会议

6月17日下午，召开了分论坛圆桌会议。与会嘉宾分别就“驾考管理政策与培训、驾驶培训技术创新与培训质量”“驾驶人素质培养与教学标准化、教练员素质提升与培训质量”等与会嘉宾分别就大家所关心的问题进行了热烈讨论（详见第四章）。

## 三、论坛亮点

### （一）再聚首，初心不改

首届论坛是国内外驾驶培训行业第一次聚首。公安部交通管理局、交通运输部运输服务司相关领导、行业专家、全国驾校负责人以及来自美国、英国、日本、韩国、瑞典的驾驶培训机构管理者，近500人出席了会议，盛况空前。

一年后的第二届论坛，国内外驾驶培训行业精英再次聚首北京，又一次发出呼声，开启了驾驶培训行业的质量之路，为培养合格的机动车驾驶人，减少道路交通安全事故，树雄心、立壮志，初心不改！

### （二）再纵横，捍阖质量

“质量提升”是今年全国两会的一个热词，李克强总理在政府工作报告中提出“推动中国经济发展进入质量时代”。“质量时代”将不再以GDP论英雄。第二届“机动车驾驶培训与道路交通安全国际论坛”以“质量与安全”为主题，开启了驾驶培训行业的“质量时代”。增强质量意识成为本届论坛的热门话题。

### （三）再风云，责任千钧

首届论坛开启了驾驶培训行业的责任之路，履行社会责任成为2016年驾驶培训行业的一大亮点。

从责任到质量，又一次风云际会，本届论坛从管理部门到行业机构，从国内到国外，专家云集，精英荟萃，十一场主旨演讲，一场沙龙现身说法，两场分论坛圆桌会议，四个切中实际的讨论议题，无不使人感受到驾驶培训行业迎来了跨越式发展的历史机遇。

# 第四节 论坛成果

第二届“机动车驾驶培训与道路交通安全国际论坛”是非官方性质的各国机动车驾驶培训机构业务交流的一次盛会，是国际性相互交流经验、沟通感情的学术性活动。与会者围绕“质量与安全”主题进行了深入的探讨，收获了经验，拓展了眼界，开阔了思路，达成了如下共识：

1. 提升驾驶培训的质量，由应试教育向素质教育转变，是当前我国驾驶培训面临的新课题。

此次论坛是一个良好的契机，通过交流与呼吁，使越来越多的驾驶培训企业认识到要想提高驾驶培训质量，必须改变应试教育方式，向素质教育转变。大家普遍认为，质量与安全息息相关，机动车驾驶培训的质量直接影响着道路交通安全。

交通运输部运输服务司巡视员王水平指出：质量是我们确保安全的最基础要素。无论今天的政策还是明天的政策，无论中国的政策还是其他国家的政策，在驾驶培训和道路交通安全的体系中，追求的永远是安全。让每一位交通参与者都能在一个和谐、安全的环境中去生活和奋斗，这是我们的政府和我们的驾校追求的最终目标。

公安部交通管理局副局长王强提出了打造驾驶人素质提升精品工程，围绕提升教学品质，从流水线生产转向私人定制的思路。并激励驾校负责人担负起培养安全文明新驾驶人的责任，坚持交流学习，借鉴其他国家地区经验和做法，引入先进教学理念和方法，更加关注教练员的选拔和培养考核，为建立一套符合我国驾驶培训行业发展方向的精品教学体系而努力。

交通运输部运输服务司副司长蔡团结充分肯定了本届论坛主题的重要性，他指出，安全是行业的永恒主题，抓住了机动车驾驶培训与道路交通安全两者关系的关键，意义重大。抓好培训质量要以培养安全驾驶、文明行车的高素质驾驶员为核心目标，积极推进“平安驾培、诚信驾培、品质驾培、绿色驾培”建设，力求把好道路交通安全第一道防线，为道路交通安全发展提供坚强保障。

论坛组委会执行主席闫文辉坦言：我们举办两次国际论坛就是为了吸取国外先进的教学经验，结合当前国情推动驾驶培训机构由应试教育向素质教育转变。

北京市机动车驾驶人培训行业协会会长，北京丰顺机动车驾驶员培训中心校长安钟岩女士提出，以交通安全形势倒逼质量建设，培养出合格的驾驶人是驾驶培训机构最大的社会责任，反映了与会者的共同心声。

曾经担任壳牌公司物流与道路安全运输部主管的英国嘉宾保罗·克里斯蒂安·乔根森认为，我们面临的最大挑战是没有一个统一的全球驾驶培训的标准，这是各国与会者共同努力的目标。他指出，道路交通事故带来的后果，使世界上很多国家都建立了立法程序来规范驾驶人的行为和机动车的使用。我们需要基于风险的方式来制定课程，在自我监管的风险控制过程中，给驾驶人提供更多的培训来保证车辆的交通安全。

德国驾驶教练协会执行委员会主席格哈雷·冯·布雷斯劳提供的经验，十分值得我国借鉴与学习：在德国，拿到驾驶证以后有两年的实习期，如果这期间表现不好会把实习期扩展到四年，这个过程中会考察驾驶人各方面的表现。另外，德国非常重视对驾驶人进行不断培训，被扣过分的驾驶人需要接受再教育。

印度机动车培训和工程学院首席讲师贾斯帕·辛格先生也直言不讳地指出：道路交通事故不是自动发生的，有 80% 的事故是因为人的失误所造成的，因此，迫切需要对交通参与者进行培训，让他们了解道路的使用规则，并且要严格遵守规则，才能确保安全。

与会者一致认为，造成道路交通安全事故的因素有人、车、路、交通环境等诸多因素，驾驶人是道路交通参与者中最不可控的环节。云南东方时尚驾驶培训有限公司作为东方时尚驾驶学校股份有限公司第一家子公司，秉承了总公司的企业文化理念，总经理陈俊发出了与会者的共同心声：驾驶培训质量存在的问题，迫使我们不得不走上改革和创新之路。他分析了目前我国驾驶培训质量存在的问题，并解析了培训质量如何由量变向质变转换，同时呼吁驾驶培训行业必须坚持质量、安全与责任并行。

大会形成了驾驶培训机构的共同愿景：提高驾驶人的法律意识，文明行车意识和安全驾驶意识，培养驾驶人从应试教育向素质教育转变，是每一个驾驶培训从业者义不容辞的责任。

2. 提高教练员素质是驾驶培训质量提升的关键环节。

在本届论坛中，提高教练员的素质是与会者谈论最多的热点问题，通过交流，国内外专家分享了各自的经验和思考，就如何提高教练员素质、培养教练员的标准以及对教练员的监管等问题进行了深入探讨，达成了很多共识，对驾驶培训机构提高教练员队伍的质量起到了推动作用。

教练员是影响驾驶培训质量的关键因素，持续地关注教练员素质的提升，强化教练员从业资格的管理，已成为交通管理部门研究的重要课题。提升教练员的培训质量，是每一个驾驶培训机构的共同目标。来自香港的朱灿培先生与大家分享了香港驾驶学院的培训方法，提出了提高教练员培训质量的三个途径，包括教练员的招聘、培训、考评、专业发展和技能提升；大幅优化驾驶训练流程，提升现有电子信息平台功能；安排参观访问，与国内外同行业交流，从而提升教练员对驾驶培训行业的专业认同和尊重。

德国演讲嘉宾法特·斯坦勒博士介绍了德国重点关注的三个行动区域：人为因素、基础设施、汽车工程，并得出一个结论——机动车驾驶培训是一项艰巨的任务，培训效果完全取决于教练员提供的培训服务质量。

来自澳大利亚的布雷特约翰·豪斯金凯恩先生指出，更灵活的培训方法能更好地满足学员需求，并讨论了考评的重要性。他还提出，给经验丰富的教练员提供完全不同的培训知识教授方法，让学员提高自我风险评估能力的方法。

上海荣安驾校数据型的创新驾驶培训模式、从驾驶培训各个环节着手，提高教练员的素质等方面的办学特色及先进经验，对提升教练员质量具有十分重要的参考价值。

3. 引入人工智能新技术和新能源汽车是驾驶培训行业未来发展的新趋势。

发展人工智能技术提升驾驶培训质量，是本届论坛提出的另一个话题。河北利安投资集团有限公司董事长马宏在演讲中提出了驾驶培训素质教育的一个关键环节是学员良好驾驶习惯的养成，并和与会嘉宾交流了在驾驶培训中率先使用人工智能的有关经验。与会嘉宾对此进行了讨论，大家普遍认为，引入人工智能是驾驶培训领域未来发展的一大趋势。

对此问题，中国香港及国外嘉宾坦言，驾驶培训的目的是要减少道路交通安全事故，93% 的交通事故都是由于人的因素引起的。人工智能对于驾驶培训有很大帮助，但是永远不能代替路面练习，不能代替一个真正的教练员。

东方时尚驾驶学校股份有限公司引进新源汽车取得了良好的效果，在会上进行了经验交流。力帆（集团）有限公司在会场上展示了他们研发的新能源考试车和教练车，引起了与会者的极大兴趣。这为新能源汽车进入驾驶培训领域，拓展绿色驾驶培训空间提供了参考。

与会嘉宾参观力帆新能源汽车

# 第二章

# 领导致辞

Chapter 2

Leadership Speech

# 第一节　坚持工匠精神　全面提升驾驶人安全文明素养

■ 王强
■ 公安部交通管理局副局长

公安部交通管理局副局长王强在论坛上致辞

**摘　要**

**今年论坛的主题是“质量与安全”，既契合当前严峻交通安全形势要求，也体现驾驶培训行业责任担当精神，必将对提升驾驶人安全文明素质、促进行业健康规范发展起到非常积极的作用。借此机会，提三点希望：进一步树立“素质教育”的理念，进一步强化“育者自育”的责任，进一步巩固“共治共享”的格局。**

尊敬的各位来宾，女士们，先生们：

大家上午好！

首先，我代表公安部交通管理局对第二届“机动车驾驶培训与道路交通安全国际论坛”隆重召开表示热烈的祝贺，对参加论坛的各位专家、贵宾表示热烈的欢迎。

去年今天，我很荣幸见证了首届论坛成功举办，围绕论坛主题“安全与责任”作了致辞。时隔一年，我们再次相聚在北京。一年来，我国经济社会保持快速发展，机动车保有量和驾驶人数量增长迅速，新增机动车2089万辆，首次突破2亿辆；新增驾驶人2924万人，达到3.7亿人。

一年来，驾驶人培训考试制度改革步伐加快，试点自学直考、自主报考、计时培训、计时收费等改革举措有序推进，取得初步成效。新驾驶人交通违法下降35.4%、交通事故起数下降36.5%，安全、文明、守法意识明显提升。一年来，驾驶培训行业规范化水平不断提升，责任意识明显增强，很多驾校转变理念、创新方法，提高了培训水平。可以说，这是驾驶培训行业主动担当、落实责任的成果，也是各部门勠力同心、共同协作的成果。但与此同时，我国驾驶人素质还滞后于汽车文明发展，交通违法、事故总量仍很大，因驾驶人处置不当等原因导致的群死群伤重特大事故时有发生，教训惨痛。

今年论坛的主题是“质量与安全”，既契合当前严峻交通安全形势要求，也体现驾驶培训行业责任担当精神，必将对提升驾驶人安全文明素质、促进行业健康规范发展起到非常积极的作用。借此机会，提三点希望：

## 一、进一步树立“素质教育”的理念

培训质量是驾驶培训行业发展的根本，也是保证驾驶人素质的基石。希望驾驶培训机构树立素质教育理念，推动从“应试教育”走向“素质教育”，打造驾驶人素质提升“三个精品工程”。一是坚持实用导向积极适应交通形势新发展，打造一批符合道路交通实情、满足培训需求的精品教学课程。很多驾驶培训机构增加防御性驾驶课程，提升学员素质的效果很明显；二是坚持工匠精神，围绕提升教学品质，从“流水线生产”转向“私人定制”，创新一种学员爱听、愿学的精品教学方法；三是坚持交流学习，借鉴其他国家、地区经验做法，引入先进教学理念方法，建立一套符合我国驾驶培训行业发展方向的精品教学体系。

## 二、进一步强化“育者自育”的责任

陶行知老先生说“教育者必先受教育”，为人师表，更要率先垂范。教练员不仅是新驾驶人驾驶意识和技能的“启蒙者”，也是安全文明参与交通的“引路人”。教练的一言一行对新学员的驾驶习惯、驾驶文明影响深远。我们希望，所有驾校负责人能够认识和担负起培养安全文明新驾驶人的责任，更加关注教练员的选拔、培养和考核，不断提升教练员法治、文明综合素养。所有教练员能够做精益求精的教学工匠，爱岗敬业，以身作则，传授守法礼让的文明理念，成为每个学员、每个新驾驶人的榜样。

## 三、进一步巩固“共治共享”的格局

提升新驾驶人安全文明素养是行业、政府、社会共同的责任。我们倡议，树立和强化“共商、共建、共享”的理念，加强各方协作，落实各方责任，巩固好共面难题、共商良策、共享成果的新格局。近日，公安部和交通运输部联合下发了《关于组织开展文明交通进驾校“五个一”活动的通知》，部署在全国驾驶培训机构开展“五个一”活动：“设立一个交通安全宣传教育阵地、讲好一堂文明交通法治课、播放一部交通安全宣传警示教育片、组织一次文明交通志愿服务、举行一场文明守法驾驶宣誓仪式。”这是推进驾驶培训行业发展的新目标、新要求、新载体。希望大家以此为契机，倾注更多关切，担负更多责任，加大交通安全宣传教育投入，促进提升驾驶人安全文明素养。公安交管部门也将通过警官授课等方式全力支持，共同开展好“五个一”活动。

提升培训质量是我们的共同目标。公安交管部门将进一步优化完善考试内容，严格执行考试标准，保证考试阳光透明，把好考试质量关。同时，也将密切与交通部门协作，深化培训考试制度改革，推进大型客货车驾驶人职业教育，推进培训和考试制度衔接，促进提升驾驶培训考试质量，为构建安全、有序、畅通的道路交通环境做出更多努力、更大贡献。

最后，预祝论坛圆满成功。谢谢大家。

# 第二节 把好第一道防线 为道路交通安全提供坚强保障

■ 蔡团结
■ 交通运输部运输服务司副司长

交通运输部运输服务司副司长蔡团结在论坛上致辞

**摘 要**

**安全是行业的永恒主题，今年的论坛以“质量与安全”为主题，抓住了机动车驾驶培训与道路交通安全两者关系的关键，意义重大。作为机动车驾驶培训行业的主管部门，交通运输部始终把抓好培训质量作为行业管理的首要任务，以培养安全驾驶、文明行车的高素质驾驶员为核心目标，提倡“安全第一、珍爱生命”理念，组织实施了驾驶员“素质教育工程”，积极推进“平安驾培、诚信驾培、品质驾培、绿色驾培”建设，力求把好道路交通安全第一道防线，为道路交通安全发展提供坚强保障。**

各位来宾，女士们，先生们：

大家上午好！

很荣幸参加今天的国际论坛，与大家共同探讨驾驶培训和道路交通安全事宜。去年首届“机动车驾驶人培训与道路交通安全国际论坛”以“责任与安全”为主题，传递出机动车驾驶培训行业直面责任、勇于担当的时代精神，取得了丰硕的成果。今天，第二届“机动车驾驶培训与道路交通安全国际论坛”的举办是机动车驾驶培训行业的又一次盛大活动，期待取得更多成果。在此，我谨代表交通运输部运输服务司对论坛召开表示热烈祝贺！对各位来宾、各位与会代表表示热烈的欢迎！对为本次论坛组织付出辛勤努力的各个单位、各位同仁表示衷心的感谢！

## 一、安全是驾驶培训行业的永恒主题

今年的论坛以“质量与安全”为主题，抓住了机动车驾驶培训与道路交通安全两者关系的关键，意义重大。作为机动车驾驶培训行业的主管部门，交通运输部始终把抓好培训质量作为行业管理的首要任务，以培养安全驾驶、文明行车的高素质驾驶员为核心目标，提倡“安全第一、珍爱生命”理念，组织实施了驾驶员“素质教育工程”，积极推进“平安驾培、诚信驾培、品质驾培、绿色驾培”建设，力求把好道路交通安全第一道防线，为道路交通安全发展提供坚强保障。

## 二、围绕强化道路交通安全，着力推进平安驾培建设

为全面贯彻落实《国务院关于加强道路交通安全工作的意见》要求，以培养安全文明驾驶员为核心，不断夯实道路交通安全发展基础，交通运输部会同公安部开展了机动车驾驶培训与考试制度改革，着力推进简政放权、放管结合、优化服务；为推进驾驶员素质教育工程，交通运输部联合公安部修订了《机动车驾驶培训教学与考试大纲》以及机动车驾驶培训素质教育规范化教材，并会同公安部、安监总局将提升驾驶员安全素质纳入“道路运输平安年”活动方案，开展大型客货车驾驶员职业教育和文明交通进驾校“五个一”活动，为全面提升驾驶培训质量，为社会培养更多安全文明的驾驶员奠定了基础。

## 三、围绕构建交通运输信用体系，着力推进诚信驾培建设

围绕构建交通运输信用体系，交通运输部印发了《关于加强交通运输行业信用体系建设的若干意见》，将驾驶员培训以及相关服务机构诚信监管纳入运输服务日常监管工作，明确诚信监管职能，提高企业诚信经营、文明服务的自律意识。

为深入贯彻落实交通运输行业信用体系建设相关要求，去年，北京、河北、湖南等 10 个省（自治区、直辖市）机动车驾驶培训行业协会发起创建了“信用驾培”倡导大会，发布了《信用驾培北京宣言》，通过了《信用驾培自律公约》《信用驾培承诺》，全国 26 个省（自治区、直辖市）近千所机动车驾驶培训机构积极响应，自愿加入并履行《信用驾培自律公约》，树立了机动车驾驶培训行业重责任、求质量、讲信用、优服务的良好形象。

## 四、围绕满足社会学驾需求，着力推进品质驾培建设

针对机动车驾驶培训行业市场存在的突出问题，交通运输部加快推进机动车驾驶培训行业供给侧结构性改革，以满足人民群众高品质、差异化服务需求。从 2016 年起，连续两年推行“计时培训、按学时收费、先培训后付费”的驾驶培训服务新模式，强化机动车驾驶培训机构服务意识，维护学员切身权益，引导学员自主选择驾驶培训服务新模式，促进行业服务质量全面提升。截至目前，全国提供“计时培训、按学时收费、先培训后付费”驾驶培训新服务模式的机动车驾驶培训机构已达 12474 家，占全国机动车驾驶培训机构比例 74.5%。

## 五、围绕行业创新发展要求，着力推进绿色驾培建设

交通运输部在组织修订机动车驾驶培训教学大纲和规范化教材过程中，优化调整了最低学时要求，普及新能源汽车驾驶常识，增强学员节能驾驶理念和节能驾驶技术的培养。通过开展网络远程培训、多媒体教学，提供鲜活的事故案例。使用驾驶模拟器、清洁能源汽车、电动汽车等节能环保教学设施设备，创新驾驶培训方

法和技术，有力推进了机动车驾驶培训行业节能减排。

据测，到 2025 年我国汽车总保有量约为 3.8 亿，大约是两到三家人一辆车。目前，我国汽车驾驶员为 3.1 亿人，约占总人口的 22.4%，远远低于发达国家 60% 以上的持证率水平。提供安全文明的驾驶员教育是驾驶培训行业的天职，这是一项修善积德的事业。未来可以预见，推进“平安驾培、诚信驾培、品质驾培、绿色驾培”建设，服务汽车社会发展，培养安全文明驾驶员依然任重道远，需要全行业、全社会的共同努力和合力推进。我相信，本次论坛必将在促进机动车驾驶培训行业可持续发展、加深交流合作方面发挥积极作用，也希望各位专家和代表畅所欲言、献计献策，共同推动机动车驾驶培训和道路交通安全工作再上新台阶。

最后，预祝论坛取得圆满成功！祝各位嘉宾和代表工作顺利，生活愉快，身体健康！谢谢大家！

# 第三章

# 嘉宾精彩演讲

*Chapter 3*

*Guest Speech*

# 第一节　驾校要培养安全可靠的驾驶员

■ 曾诚（中国）
■ 交通运输部公路科学研究院研究员

曾诚先生在演讲

交通运输部公路科学研究院研究员，中国人类工效学学会交通工效学专委会委员。主要从事机动车驾驶安全与节能、道路运输安全管理、道路运输节能减排等方向的政策研究及技术产品研发工作。

**摘　要**

**十余年来，我国道路交通安全状况得到改善，道路交通事故死伤人数逐年下降。但与其他国家和地区相比，我国事故总量仍然较高。影响交通事故的因素中，人的因素最为关键。通过对全国道路交通事故原因进行分析发现，95.13%的事故因驾驶员交通违法行为导致。**

## 一、驾驶培训行业的发展态势及存在的问题

### （一）驾驶培训行业整体发展态势良好，培训量不断增加，低驾龄驾驶员事故率逐渐下降

嘉宾精彩演讲视频

我国的驾驶培训行业经过了数十年的发展，尤其是改革开放近四十年，社会经济繁荣带动汽车保有量迅猛增加，从而推动了驾驶培训行业的学驾需求和行业迅速增长。

据统计，截至 2015 年底，全国共有驾校 1.5 万余所，教练员 80 余万人，教练车 67 万余辆，年培训合格 2200 余万人次。就每年培训学员数量而言，2015 年是 2200 余万人次，2016 年达到了 2600 多万人次。从 2011 年到 2015 年五年间，驾校数量年均增长 9.2%，教练员数量年均增长 17.3%，教练车数量年均增长 16.1%，这体现了目前驾驶培训行业整体发展形势良好。

近 5 年，驾校培训合格人数年均增长 6.46%。2006 年当年培训量不到 1000 万人，到 2015 年时已达 2200 多万人，翻了一倍多。每年在驾校培训量不断增加的同时，三年及三年以下驾龄驾驶员的事故率在逐渐下降，近 5 年，交通事故起数年均下降 4.58%，事故致死人数年均下降 3.63%。由此可见，驾驶培训质量的持续提升，对改善道路交通安全水平起到了很重要的作用。

**近 5 年我国驾校发展情况**

一、驾培行业发展与培训质量提升

*I. Development of driving training industry and improvement on training quality*

2015年底，全国共有驾校1.5万余所，教练员80余万人，教练车67万余辆，年培训合格2200余万人次。

*By the end of 2015, there are more than 15 thousand driving training schools, more than 800 thousand driving coaches, more than 670 thousand training in China, with more than 22 million people trained and qualified every year.*

- 近5年，驾校数量年均增长：9.2%
  *In recent 5 years, an average annual increase of the number of driving training school is 9.2%.*
- 近5年，教练员数量年均增长：17.3%
  *In recent 5 years, an average annual increase of the driving coach number is 17.3%.*
- 近5年，教练车数量年均增长：16.1%
  *In recent 5 years, an average annual increase of the training vehicle number is 16.1%.*

2015年我国各地区驾校数量分布示意图

*Distribution diagram for driving training school in various regions of China in 2015*

## （二）人的因素最为关键，驾驶培训质量有较大提升空间

十余年来，我国道路交通安全状况得到改善，道路交通事故死伤人数逐年下降。但与其他国家和地区相比，我国事故总量仍然较高。影响交通事故的因素中，人的因素最为关键。通过对全国道路交通事故原因分析发现，95.13% 的事故因驾驶员交通违法行为导致。

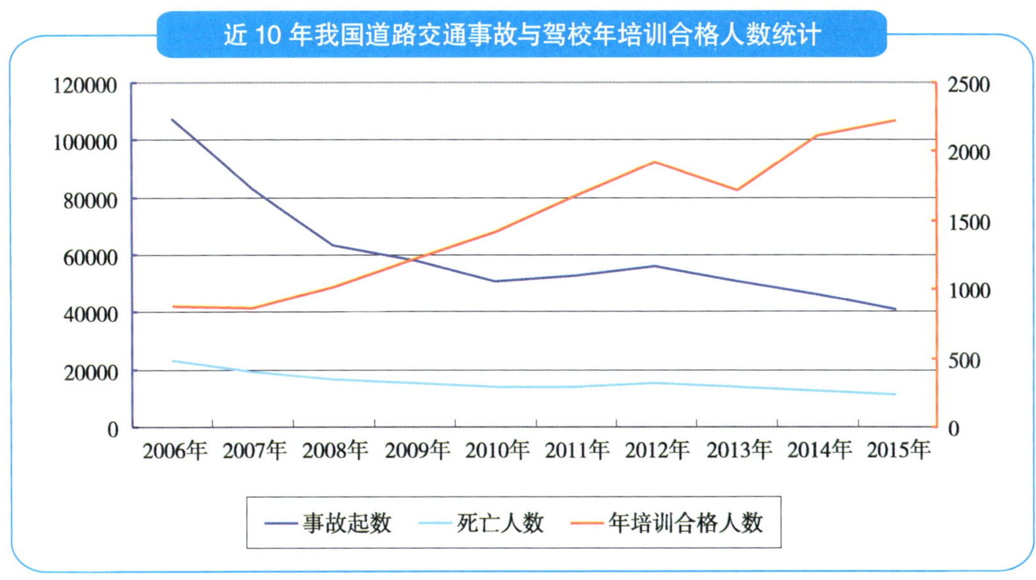


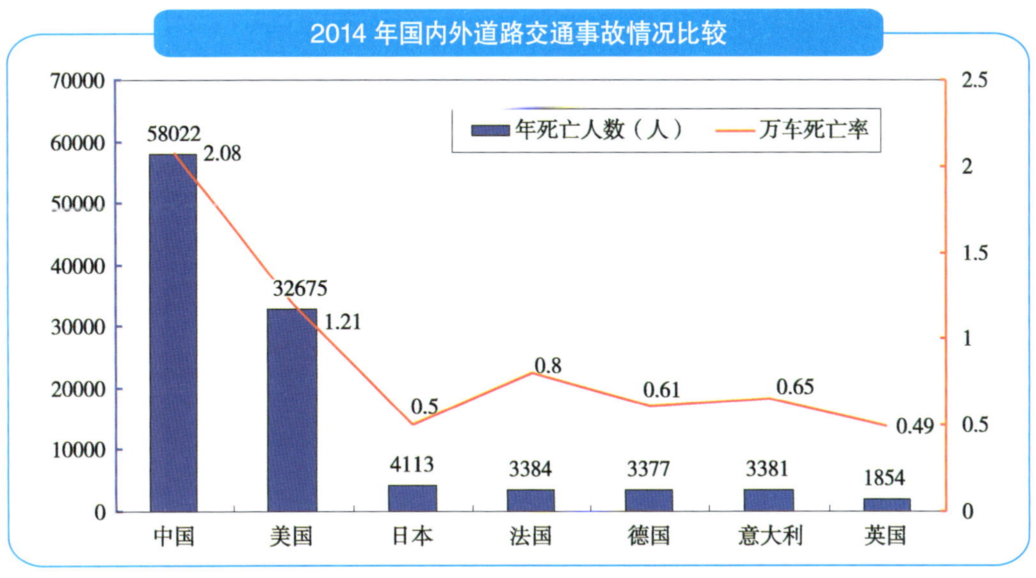

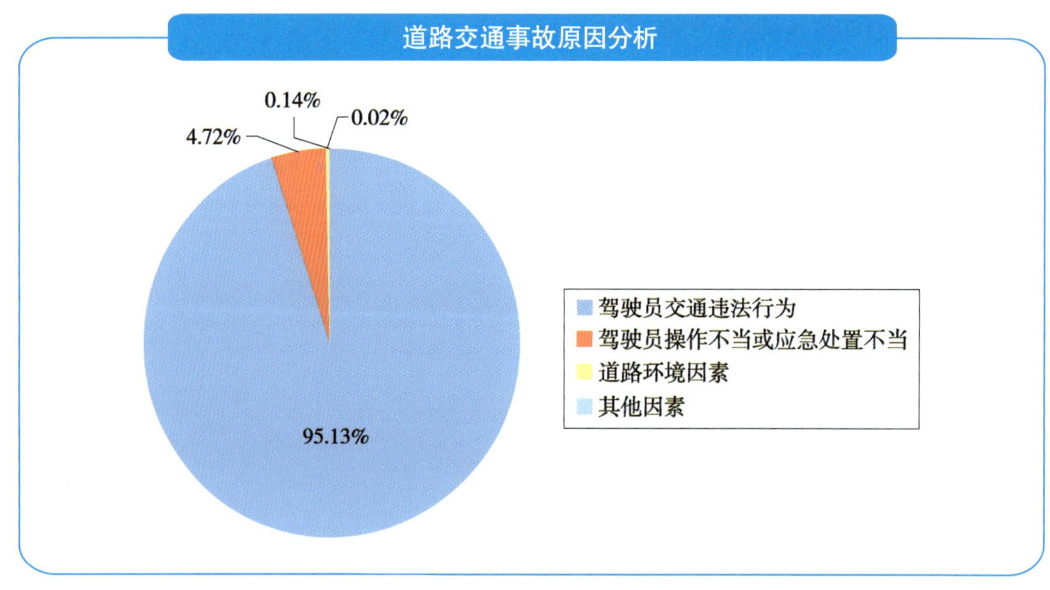


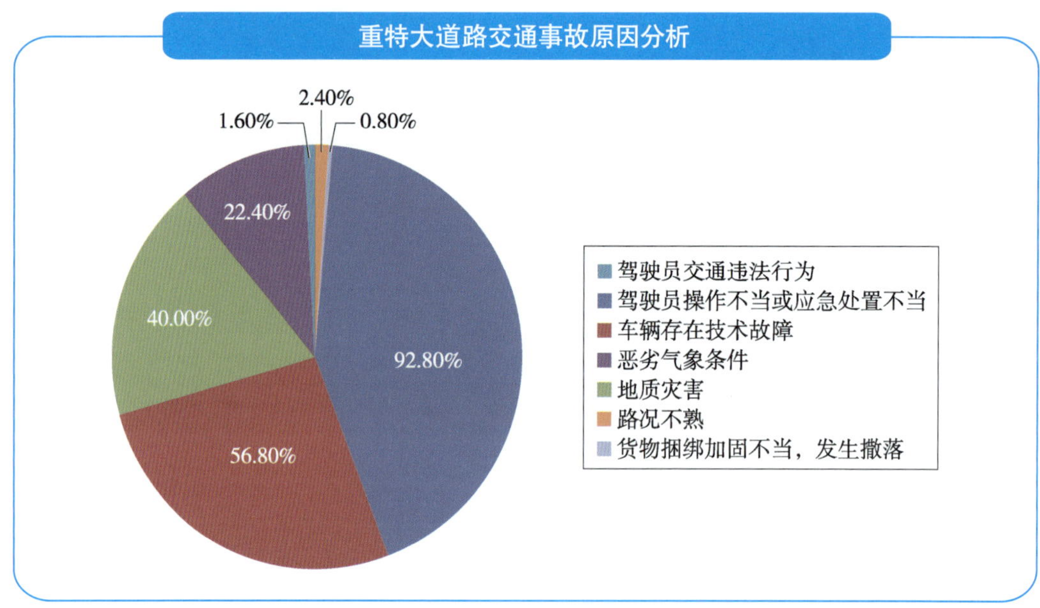


从事故分析及媒体报道中可以看出，驾驶员安全意识和安全素养等方面还存在以下问题：

1. 安全行车意识薄弱。超速行驶、疲劳驾驶、酒后驾驶、违反交通信号、未按规定驾驶等行为比较突出。

2. 社会公德意识欠缺。媒体广泛报道的“路怒症”及随意鸣笛催促等行为主要是驾驶员社会公共道德意识欠缺的表现。

3. 规范驾驶操作能力不足。所谓的“油门当刹车”或者说没拉手刹导致溜车等问题以及不规范的开车门动作等，都反映了驾驶员在培训过程中规范驾驶操作能力不足的问题。

4. 应急处置能力不足。很多驾驶员在面对高速急转向避险、制动失效以及爆胎等情况时应急处置不当，从而导致事故的发生。

5. 危险辨识能力不足。驾驶员在转弯或起步时，没有养成观察的习惯和意识，从而察觉不到汽车盲区内的险情。在行车时，没有准确判断前方存在的危险，因安全车距不足而引发追尾事故，这也是目前驾校正在开展防御性驾驶培训的原因。

上述分析表明，驾校在学员驾驶培训中，仍需在学员的意识和习惯养成、应急处置能力养成、高级别危险辨识能力的培养等方面下功夫，这也是驾驶培训质量需要进一步提升的方向。

## 二、驾驶培训行业面临的新形势、新挑战

### （一）政策新形势

嘉宾精彩演讲视频

2015年交通运输部会同公安部开展了驾驶培训与考试的制度改革，行业管理政策出现了以下调整：

1. 在市场定位上，更加明确驾校是驾驶培训行业的市场主体，驾校有更大的自主经营权。

2. 在分类管理上，正在推行大型客货车职业化教育，实际上是在推行驾驶培训分类管理制度。

3. 在教学管理上，围绕培训质量强化教学管理，特别是实行“计时培训、计时收费、先培训后付费”的新服务模式，倒逼驾校提升服务品质。

4. 在质量监管上，由原来的行业管理部门评价为主，调整为现在的以学员评价为主的教学服务质量监督评价新体系、新机制。

### （二）市场新形势

驾校作为经营主体，也面临着一些新的市场需求、新的方法和新技术的发展：

1. 新的市场环境。驾驶培训市场进一步开放竞争，推行自学直考，资本蓄势进入驾

驶培训市场，驾校所面临的经营环境和市场竞争压力会更大。

2. 新的供需和消费关系。培训市场供给大于社会学驾需求。从统计数据看，近几年，全国驾校在理论上测算的培训量远远大于目前实际培训量，这说明目前驾驶培训市场的供给远远大于学驾的需求。学员的消费由“关注价格”向“体验消费”转变。

3. 新的培训技术。信息化时代技术的发展，计时培训技术、“互联网 +”以及教学辅助技术应运而生，这也会助推驾校改善驾驶培训质量。这些都是驾校在教学规范里需要逐步细化和完善的地方。

近 10 年驾驶培训行业培训能力分析

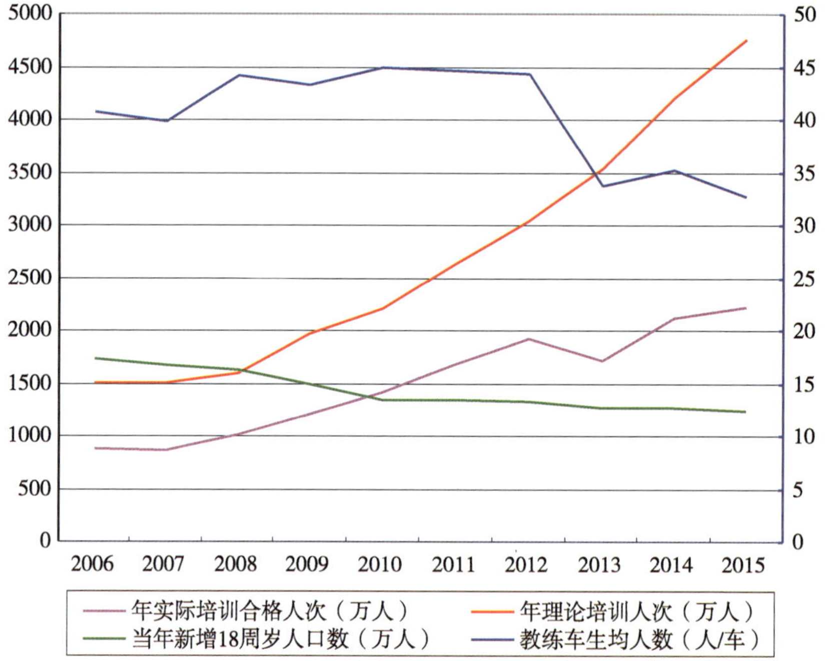

## 三、提升驾驶培训质量的方法与建议

1. 驾校需在技术路径上进行创新，修炼内功，提升教学能力和水平。

第一，驾校应该建立以学员安全意识和习惯培养为核心的教学与考核规范。很多驾校也建立了一些所谓的教学规范，但目前更多是建立在应试性训练的规范上，需驾校进一步完善学员的安全意识和习惯培养，

主要包括对车辆灯光、行驶速度、安全距离的控制等习惯的培养，甚至包括学员上下车细微动作的培养等。

第二，强化理论知识培训。主要通过选用规范化的素质教育教材和优质的网络教学课程强化理论知识教学。

第三，运用计时培训技术，开展教学过程的跟踪、记录、分析和改进。

第四，遵循技能形成规律，优化驾驶技能训练，强化学员道路驾驶技能训练。现在全国驾校的教练场地设计，更加注重场内专项训练功能，忽略了场内模拟道路驾驶训练功能，这是驾校在训练组织方面需要做调整的地方。

第五，对学员技能状况进行评价，训练中对学员实施因材施教。

2. 驾校需在经营管理上进行创新，转变经营管理理念。

一是由价格竞争向质量竞争转变，质量竞争是市场竞争更高层次的竞争形式；二是由应试教育向素质教育转变，驾校不是培养有驾驶资格的驾驶员，而是要培养安全可靠型的驾驶员；三是由单一的规模化发展方向向专业化、集约化、品牌化方向发展。

3. 驾校需建立完善的培训质量管理体系。

建立完善的培训质量管理体系，包括设立目标，不仅要把学员考试一次通过率作为驾驶培训质量的目标，还要把培养出的学员的违法率和事故率纳入到培训质量的目标范围里。建立培训质量标准，包括教学计划、教学内容、教学与考核规范；质量控制方面，包括质量管理机构，教学行为监督与评价制度，教学标准、教学效果评价；质量保障方面，包括教练员素质培训管理，设施、设备维护与管理。

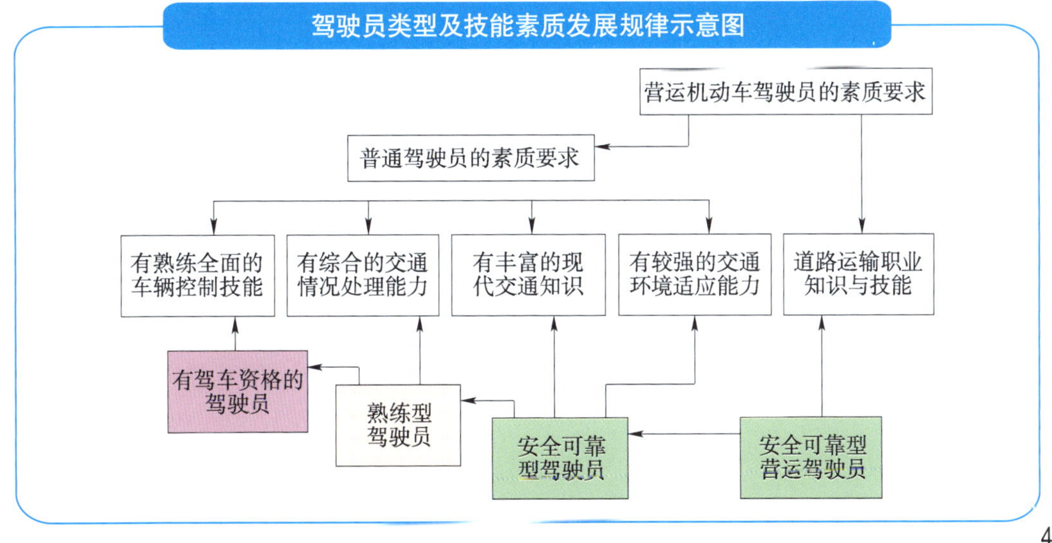

此外，在政策导向上，行业主管部门要进一步推行驾驶培训行业供给侧结构性改革。改革主要通过推行大型客货车的职业化教育，去调整目前驾驶培训结构，通过使用规范化教学和网络远程教学的方法优化现在的理论教学，提升教学品质。完善驾驶证考试中的技能评价标准，优化驾驶训练指定路线，引导驾驶培训机构强化学员素质培养。行业政策导向的最终目标是构建“开放竞争、质量为本、服务为宗、守法信用”的市场新格局。

# 第二节　德国的交通安全现状及政策

■ 法特·斯坦勒（德国）
■ 德国交通部政策司前司长

法特·斯坦勒先生在演讲

曾担任德国交通部政策司司长、德国交通部部长办公室主任、新闻发言人。

**摘　要**

**针对道路交通事故，德国关注的重点是三个行动区域：人为因素、基础设施、汽车工程。现在这些道路交通安全的举措已经取得了成功，但是仍然任重而道远，因为，每一个因交通事故的死亡事件都是不可承受之重。**

## 一、德国道路交通安全状况及相应措施

道路交通事故会让人们受到伤害，造成经济损失。研究显示，每一例道路交通死

亡事故都涉及113个相关的人员，11位亲属，包括他们的朋友以及相关的急救服务人员。2015年，美国的道路交通事故死亡造成的经济损失是345亿欧元，每一个交通事故死亡都会造成120万欧元的损失。

1970年，德国因道路交通事故导致死亡的人数高达21332人，致使社会各界都感到不能再接受这么高的死亡人数，所有的利益相关方都迫切表示要改善道路交通安全状况，并制定和实施了相关政策。参与的机构包括联邦政府、各级交通部门、16个联邦州政府以及相关协会、环境部门、市政府和公共部门、警方、大学院校等，德国交通安全委员会就有超过200家会员、协会和企业，还包括汽车俱乐部和其他与道路交通安全息息相关的机构。

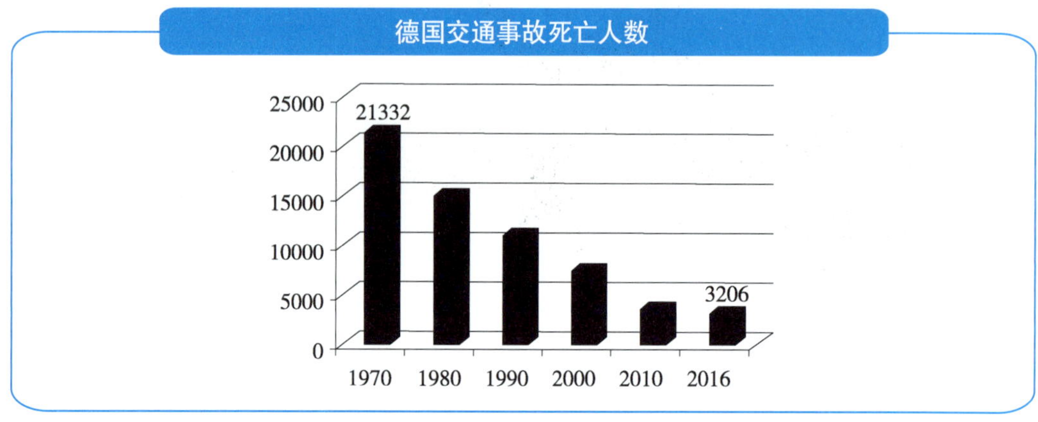


德国采取的主要措施有：

1957年，在城市和乡村提出每小时50公里的限速；甚至有的地方低至每小时30公里。

1972年，乡村道路做了限速调整，每小时100公里。在一些道路交叉口限速是每小时70～80公里。

1973年，提出了驾驶人酒精含量不得超过千分之零点八。

1974年，高速公路上最低限速每小时130公里，有的时候最低高速可以达到200公里。

1984年，要求必须佩戴安全带，违章罚款。

1988年，驾驶人血液中酒精含量调整至不得超过千分之零点五。

这些努力取得了成效，截至2016年底，交通事故死亡人数已经降至3314人。

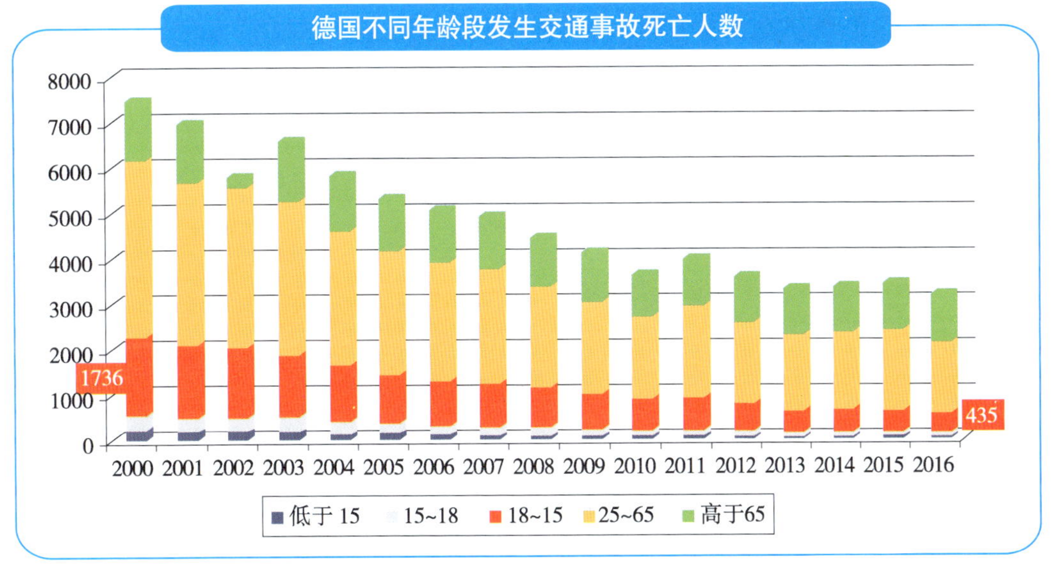


## 二、重点关注的三个行动区域

针对道路交通事故，德国重点关注三个行动区域：首先是人为因素，其二是基础设施，其三是汽车工程。

### （一）人为因素

1. 青少年驾驶机动车规定，青少年从 17 岁开始可以驾车，但需要有成年驾驶人陪同，17 ~ 18 岁期间可以领临时驾驶证。陪同人必须是持有驾驶证的并且信誉良好的人。

2. 开展公共信息宣传活动。路口是最有可能发生车祸的。我们需要进行超速的监测，改善行车人在路口的行车安全和自行车的驾驶安全状况，保障行人的安全。比如，路口有一个红灯，行人必须要等到绿灯的时候才能走。这是我们全新的倡导活动，它的名字叫作“减速”。人生是美好的，我们要珍惜生命。

### （二）基础设施

高速公路的事故状况，有的时候是因为没有留出空间给应急车辆通行，所以，我们还需要建立更多的超车道，如果在你前面有一辆卡车，后面的车需要超车，如果有更多的超车道，你就可以顺畅地超车，所以要增强基础设施的建设。

### （三）汽车工程

目前，德国正在通过自动驾驶来改善道路安全状况，提升安全系统的市场渗透率、普及率，尽快引入针对卡车的转向辅助系统，以及电子呼救系统、自动紧急刹车系统等，更好地保护骑行者和行人。德国也正在建立数字高速公路的测试平台。

## 三、道路交通安全风险因素分析

嘉宾精彩演讲视频

从1953年开始，德国就开始统计在道路交通中死亡的人数，也启动了相应的法律法规建设。现在这些道路交通安全的举措已经取得了成功，但是我们仍然任重而道远，因为，每一个交通的死亡都是不可承受之重。

2014年，德国交通事故死亡人数中有60%发生在农村道路上。从小汽车驾驶人年龄分布来看，18～24岁这一年龄段死亡人数最多；从摩托车驾驶人年龄分布来看，18～34岁这一年龄段死亡人数最多，40～54岁这一年龄段其次。因为这一部分人通常不骑自行车，并且对于车速也没有足够的意识。所以德国要在接下来的工作中，更加关注驾驶小汽车、摩托车的人。在城市道路上，65岁以上的行人死亡率排在第二位。对此，德国倡导六七十岁的老年人学习使用电动自行车。德国每年销售大约500万辆电动自行车，许多老年人正在开始学习使用电动自行车。

## 四、零事故愿景

2007年，德国交通安全委员会通过了“零事故愿景”，我们力争在我们联邦的高速路上，不发生交通事故。虽然这是一个极大的挑战，但是我们有维护交通安全的信念，未来，我们一定会取得更大的突破！

# 第三节 瑞典驾驶证的考核与驾校培训

■ 罗夫·托马森（瑞典）
■ 瑞典驾校资深教练

罗夫·托马森先生在演讲

瑞典资深驾校教练，曾就读于国际商务学院，先后在几所驾驶学校担任教官，同时担任几家瑞典公司的交通安全顾问。他也是中国帕斯有限公司的创始人，致力于瑞典与中国的道路交通安全与驾驶培训的交流与合作。

**摘　要**

**在瑞典，满16岁就可学车，但需要有陪练，陪练也要经过培训。考驾驶证要经过风险评估课程培训并遵守一些考驾驶证的相关规定。**

## 一、满 16 岁可以学车，但要有陪练

在瑞典，一般情况下考驾驶证跟其他国家的要求是差不多的，满 16 岁就可以学了，但是必须要有陪练，师生都需要先接受足够的培训。正如之前嘉宾所言，他给女儿做陪练的时候就非常紧张，我也有类似的经历。我们做陪练的时候，更多的是在孩子旁边进行指导。

## 二、风险评估课程培训

在瑞典，考驾驶证要经过风险评估课程培训。因为瑞典是一个北欧国家，每年八到九个月，都会有冰、雪、水等不良路况，尤其是会遇到路面的湿滑、结冰等情况。风险评估课程培训就可以解决这个问题，而且是专门的教学车，有专门的轮胎，比如说打滑的时候，它会体现出结冰或者是打滑路面的情况，让学生学会应对。

有次因为下雨路上有积水，因为我接受了风险评估课程培训，我熟练地操作，安全行驶，没有打滑。几秒之后，我看到有一个超车的，他一下子就滑到旁边的沟里去了，这就是安全出了问题。

## 三、考驾驶证的一些规定

按规定，未满 18 岁就可以学开车，但考驾驶证必须要满 18 岁。还有一些规定，比如说视力要良好，健康状况也要比较好。还需要有永久居留的资格，如果是留学生的话则需要在瑞典学习超过 6 个月。

# 第四节　基于风险的驾驶人培训和交通安全管理

■ 保罗·克里斯蒂安·乔根森（英国）
■ 英国道路交通安全顾问

保罗·克里斯蒂安·乔根森先生在演讲

英国道路交通安全顾问，曾经担任壳牌公司物流与道路安全运输部的主管，目前致力于为中小企业以及跨国企业在道路运营安全方面提供服务，并与一些领先的教育机构合作制订驾驶人行为教育计划及开展相关工作。

**摘　要**

**道路交通安全事故带来的后果，使世界上很多国家都建立了立法程序来规范驾驶人的行为和机动车的使用。大多数国家都有一个非常正规的培训和考试的过程，但问题是没有一个统一的全球驾驶培训的标准。需要基于风险的方式来制定课程，在自我监管和风险控制过程中，给驾驶人提供更多的培训来保证交通安全。**

## 一、道路交通安全任重道远

嘉宾精彩演讲视频

交通事故所带来的经济损失是巨大的，根据联合国的估计，它占每年 GDP 的 3%。德国的同仁也指出这是非常昂贵的经济代价，对家庭、社区、企业和国家都是灾难性的后果。

联合国在 2011 年推出了一个为期十年的道路交通安全行动，包括多个项目，现在只剩三年就要到期了，我们还任重而道远。世界上很多国家都建立了立法程序来规范驾驶人的行为和机动车的使用，执法力度因国别不同而略有差异。

从驾驶人的不当行为就可以看出来，他们不遵守交通规则、车辆维护不佳，这些都是安全的隐患。驾驶人因为事故给企业造成巨大的损失，包括车辆的受损，因此任何一家企业都要严格管理驾驶人，并且设立标准来确保每位驾驶人每次驾驶的时长，避免疲劳驾驶。车辆和设备也要得到有效的维护，以保证驾驶人的安全。

## 二、基于风险的驾驶人培训

嘉宾精彩演讲视频

大多数国家都有一个非常正式的培训和考试的过程，但问题是没有一个统一的全球驾驶培训的标准。

在来之前，我跟其他国家、地区的同事交流的时候谈到了一些共性的问题，比如说在全球层面的驾驶培训标准化，包括职业培训、认证机构和培训机构标准问题。我认为，需要有一个独立的评估监管方和官方，这样才能避免潜在的利益冲突。同时也需要制订针对风险的培训模块，响应行业的需求。我们需要很好地区分理论培训和实践培训，不同企业之间需要有一个统一的标准，才能确保为学员提供更好的和高效的培训，学员才能够获得驾驶证。并且，网上的评估也非常重要。所以说，一个实际的道路交通安全评估，需要和网上评估相结合，才能更好地对驾驶人的风险进行评估，有针对性地强化驾驶人素质教育的项目，更好地解决驾驶人所面临的问题。

在英国，要让驾驶人接受统一标准的培训，目的就是让交通出行零事故。企业都需要确保它的驾校有高质量的培训，也希望这些驾校能够开展足够的理论和实践的培训，每年要有足够的外部审计来确保培训师能够继续保持国际的安全标准。

专业的驾驶人，他们除了具有驾驶证之外，还需要接受医疗检查，比如，明天我要去上路，事前要接受一次医疗检查，像视力检查等。另外，也需要有国家不同层级的驾驶证，确定他到底能够驾驶什么级别的车。这些都是我们要采取的措施。

## 三、车辆安全的自我监管

嘉宾精彩演讲视频

大部分企业其实都知道对员工所负有的责任，重要的是如何给这些驾驶人提供更多的培训。

很多时候英国对车辆的制造并没有从道路交通安全方面考虑。比如说校车不能超载1.5倍，校车载学生必须有黄色的标识，副驾驶和后面的座位必须有安全带，这些要求是非常重要的，都应该被纳入到车辆的标准中，必须要强制执行。车辆必须要满足欧盟的标准，经过独立的年度安全审查，也必须符合制造的标准、符合制造商的规定，必须要进行每天和每周的检查。

## 四、建立路程安全管理体系

嘉宾精彩演讲视频

现在我给大家介绍一下“路程安全管理体系”，如何改善道路安全和改善驾驶人的行为，对于企业的运营会带来怎样的积极影响。

路程安全管理，是把人或者货物从A点运输到B点并且运输过程必须是可控的，还要减少对人和环境的潜在伤害。它由四个部分组成，包括输入、数据、报告和分析，这些是路程安全管理的一个基础。如果不能够完整地发挥所有因素的作用，这个路程安全管理的体系就会失效。

人是最为重要的一个运输类别，所以必须要关注驾乘人员的素质，我之前说过，车辆必须要经过每天、每个月还有每年的审查，才能够保证安全。这就需要强有力的领导，才能进行自规自管，同时我们需要有规范的流程和法律法规，并且确保这些法律法规更好地传达给驾乘人员很好地贯彻执行。

企业不仅需要符合地方和国家的法律法规要求，而且要不断提升标准，杜绝违章操作。

建立驾驶文化也是非常重要的，社区和驾乘人员都需要参与。所有的这些因素，都必须要很好地进行管理。

路程安全管理体系能让企业更好地监管、审视自己的工作，帮助驾驶人不断改善技能，并且给公司充实了很多信息，让公司能够更高效地运作，具有良好的发展前景。

# 第五节　如何提高教练员的培训质量

■ 朱灿培（中国香港）
■ 香港驾驶学院执行总裁

朱灿培先生在演讲

香港驾驶学院执行总裁，曾在香港特别行政区政府多个政策局和部门出任高级管理工作，2013年7月获颁“铜紫荆星章”。

**摘　要**

**香港驾驶学院是香港第一家也是最大：一家政府指定驾驶学校，学院是通过三个途径提高教练员培训质量的：第一个途径是提升教练员专业知识储备和技能质量；第二是提供合适的工作环境，让教练员可以充分地发挥；第三个途径是提升教练员对驾驶培训行业的专业认同和尊重。创造了教练员在职培训的6个项目，4个模式，3个要点。建立了教练员与学员互动的信息平台，制订了培训质量保证计划和高效的培训流程，使每个教练员不断地提升对行业的认同和尊重。**

我们都知道，道路交通安全关系到每一个道路使用者，包括驾驶人，也包括行人。大力提高教练员的培训质量更是驾驶培训不可忽视的重要一环。

香港驾驶学院是 1983 年成立的，是香港第一家和最大一家政府指定驾驶学校。我们的愿景是要成为顾客在优质驾驶培训上的首选。过去 33 年，我们朝着愿景迈进，使教练员的培训质量得到了切实提升。

## 一、提高教练员培训质量的三个途径

提高教练员培训质量有三个途径：

1. 提升教练员专业知识储备和技能质量。

2. 提供合适的工作环境，让教练员可以充分地发挥。

3. 提升教练员对驾驶培训行业的专业认同和尊重。

三个途径缺一不可，互相影响

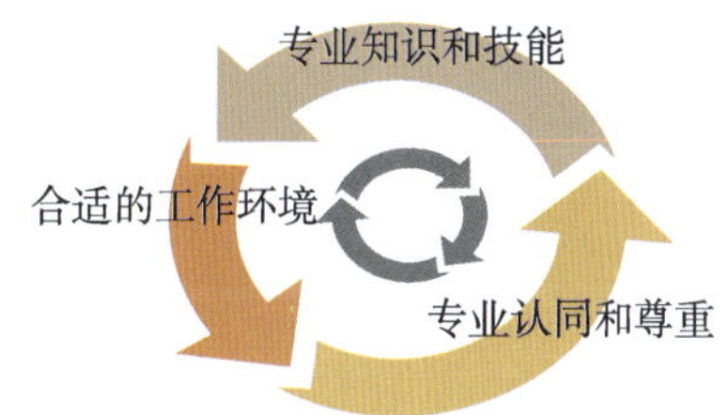


教练员必须要具备专业的知识和技能，才能提高培训质量。好像一个厨师，如果想煮一手好菜，就应该对煮菜的知识和技能有一流的掌握。

教练员还要有一个可以发挥的工作环境。用厨师的例子讲，工作环境就是厨房，厨师的刀、锅、炒勺如果不好的话怎么能煮得一手好菜呢？工作环境不好，教练员怎么能提供高质量的培训呢？

嘉宾精彩演讲视频

香港驾驶学院始终认为教练员对驾驶培训行业如果有尊重的态度，他就会对专业技术有追求，就好像一个厨师，虽然他已经有专业的知识和技能了，已经有个很好的厨房了，可是他就是不喜欢当厨师，也是做不出好菜的。

所以这三个途径缺一不可，而且是互相影响的。专业知识越丰富，技能质量越高，对工作的环境和工作的要求就越高；如果你给他一个好的工作环境，自然会提升他对专业的认同和尊重；如果对专业认同和尊重，进而会提升自己的专业知识和技能。

## 二、提升教练员专业技能从招聘开始

嘉宾精彩演讲视频

挑选合格的人后会培训他参加香港政府运输署的教练员考试，考试及格拿到教练证以后，就会聘用他为准教练员，准教练员还要接受12个月的在职培训以及试用。其实，香港驾驶学院对教练员的要求，比香港政府运输署发教练证的要求还要高。

我们招聘的过程跟每一个驾校都是一样的，面试、笔试、路试、心理测验和身体检查。心理测验是要看这个考生是不是适合当教练员，是不是尊重教练员这份工作，这也是我们挑选的标准。

## 三、教练员在职培训方法

在香港驾驶学院，准教练员有12个月试用期。试用期的在职培训有6个项目，4个模式，3个要点。

6个项目是驾驶评述、安全驾驶意识、成年人的心理学习、沟通技巧、如何对顾客服务和电子信息平台的应用。

1. 驾驶评述。驾驶评述要求教练员把路面的情况要讲出来。是讲完了再做，而不能先做后讲。举一个例子，绿灯亮了，动作是松手刹，给点油，看看路面的情况，慢慢开车。我们就要求教练员把这个动作先对学员讲出来再操作。这个训练的要求会比较严格。

2. 掌握成年人的学习心理。驾校培训的对象不是小孩儿，学员都是成年人。所以，教练员要懂得与成年人的沟通技巧。有的学员平时开车还不错，可到考试的时候，水平就发挥不出来了，这是因为他紧张。怎么帮助学员克服紧张情绪呢？我们聘请了一个心理专家给教练员讲课，教他们怎样让学员不紧张，能够应付考试和路面的情况。

我们还常常邀请香港政府的考官来与教练员交流学员考试时的表现，哪方面比较好，哪方面需要改善。通过交流，教练员知道了自己的学生考试时的表现，找出了存在的教学问题。这样的交流也非常重要。

3. 4个模式。教练员培训的4个模式是：课堂讲授、随车观察、车内实习和师徒制度。

课堂讲授大家都明白，随车观察是准教练员坐在车的后面，有一个资深的教练员在前面教学员驾驶，准教练员观察这个资深的教练员怎样教学员。

车内实习就是准教练员教学员怎样驾驶，资深教练员坐在车的后面，看准教练员怎样教这个学员。资深教练员和准教练员都有一个师徒的关系，换句话说，这12个月的培训，每一个准教练员都有一个资深的教练员当他的老师，还要给他打分。

4. 3 个要点。教练员培训的 3 个要点是：知识、技能和态度。一个教练员如果光有知识和技巧，没有良好的态度，这并不是一个好的教练员。举个例子，如果一个厨师有很好的知识和技能，能煮得一手好菜，但他没有好心态，不喜欢给你煮，他当然不是一个好厨师！

在职培训及考评—三个要点；知识、技能、态度

## 四、教练员培训质量提升途径

1. 质量保证计划。在职培训的考评标准就围绕着知识、技能和态度这三点。如果考评达标就聘用他为教练员，不达标的，我们会延长他的试用期，或者终止准教练员的合约。

教练员每年还要参加学院的质量保证计划，主要项目是笔试，随车观察和驾驶评述，就是考核一下他的水平怎样，这不是一次过的考试，因为整年教学员，教的学员水平怎样，学员的意见是什么，也是很重要的一个指标。如果教练员还没有达标的话，我们会安排他接受再培训。我们每年还有一个专业发展的课程，主要的项目是驾驶人培训课程的安排，当然教练员应该知道他自己的课程是怎么样教的，计划是怎么安排的。

2. 为教练员提供良好的工作环境。合适的工作环境可以让教练员充分发挥内在潜质。除了场地、设施、车辆，还有相关的安全法律知识的学习，对他们提出更高的要求。

3. 驾驶培训流程。一个系统的有针对性的培训流程非常关键，流程定得好，对提升教练员的培训质量至关重要。教练员必须要按照定下来的训练流程去教学员。

培训流程分 4 个阶段进行，每一个阶段都有特定的训练目标和技巧，完成每一个阶段都有评核，评核这个学员在这个阶段的表现，在第四个阶段学员会参加模拟考试。

培训流程的预备阶段是学员考笔试，考完笔试以后就进入第一阶段，在场内练习，第二个阶段是在路面的练习，第三个阶段是到真正的考场去练习，第四个阶段是又重复

前三个阶段的练习，然后安排一次模拟考试。

模式考试是一个资深的教练员坐在学员旁边，在考场上考一遍，是用香港政府运输署的考试表给学员打分的。考完以后，资深教练员会告诉学员他刚才做的正确的地方和哪些地方是需要补课的，再对学员有针对性地进行特殊训练，确保他拿到驾驶证。

4. 电子信息平台。香港驾驶学院开发电子信息平台是为了让学员、教练员和管理层能够及时互动和沟通，也可以让学员了解培训流程和进度，比如，还有多少天要考试，安排预约等。每一个阶段我们都有学习的重点，每一个重点都有示范的短片放在平台上，学员可以先看这个短片，然后再上课。上完课还可以再看这个短片，复习一下。学员的评测结果也要放在这个平台上。

在这个信息共享平台上，教练员能观察到学员学习的进度，以便有针对性地对学员培训。管理层通过学员的表现数据，了解到了整个教学流程的情况，最后学员去考试，能不能拿到驾驶证，通过平台的数据做比较，就能找对方向去优化我们的工作。

信息平台和教学流程是我们总结30多年的教学经验的成果，我们学院还要继续开发和优化教学流程，以及电子信息平台的应用。

## 五、提升教练员对行业的尊重和认同

提升教练员对行业的尊重和认同，就能激励他努力提高培训质量。我们一方面加强了教练员对工作的参与，提高责任感，另一方面带教练员与各地同行交流，开阔视野，加深对国内外驾驶培训的认识，取长补短。当然也包括荣幸地参加本届论坛，参观了东方时尚驾驶学校。我们感到东方时尚驾驶学校今年和去年比又跨进了一大步，做得真的非常好，有很多地方值得我们学习。

总之，提高教练员的培训质量是一个中心工作。确保道路交通安全，为学员提供高素质的培训是重要的第一步，但不是最后一步，也不是唯一的一步。我们希望和各位同仁一起为提高教练员的培训质量而努力！

# 第六节　驾驶培训质量是交通安全的源头

■ 陈俊（中国）
■ 云南东方时尚驾驶培训有限公司总经理

陈俊先生在演讲

云南省机动车驾驶培训行业协会副会长，云南东方时尚驾驶培训有限公司总经理。

**摘　要**

**驾驶培训质量是道路交通安全的源头，培养学员的法律意识、安全文明意识和安全操作意识，从应试教育向素质教育转变，是驾驶培训机构义不容辞的责任。**

道路交通安全事故是和平时期人类生命和财产安全面临的最大威胁，如果不提高驾驶培训的质量，就会变成道路交通事故的罪魁祸首。造成道路交通安全事故的因素有人、车、道路、交通环境等诸多因素，驾驶人是道路交通参与者中最不可控的环节。因此，提高驾驶人的法律意识，文明行车意识和安全驾驶意识，培养驾驶人从应试教育向素质教育转变是每一个驾驶培训行业从业者义不容辞的责任。质量和安全与责任并行，驾驶培训质量存在的问题，迫使驾驶培训机构不得不走上改革和创新之路。

## 一、驾驶培训质量存在的问题

嘉宾精彩演讲视频

上个月世界卫生组织在联合国第四届全球道路交通安全周上公布：全世界每年因道路交通安全事故死亡的人数达到125万人。这个数字相当于每天掉落19架民航客机，它的背后就是千千万万事故家庭的悲剧。这触目惊心的事实表明，道路交通安全事故是和平时期人类生命和财产安全面临的最大威胁。

作为驾驶培训机构的管理者，我深深感到，如果我们不提高驾驶培训的质量，就会变成道路交通事故的罪魁祸首，驾驶培训是刀尖上的舞蹈，既美丽又悲伤。

案例反思：

第一个案例是停车让行标志牌事件。2015年7月27日，4名中国人在美国自驾游，当他们行驶到93号公路路口左转的时候，与一辆直行的大巴车相撞，车上四人当场死亡。这次车祸的原因是转向车辆不遵守转向让直行的最基本的道路交通规则，最终不仅四人当场死亡，而且拿不到任何的赔偿，还要赔偿大巴车的维修费和车上受伤人员的医药费。这个交通事故引发了我们对驾驶培训现状的思考。

造成这起事故的原因是多方面的。从驾驶培训角度来看，应该汲取的教训有三点：第一点，驾校交通信号标志教育薄弱，现在驾校普遍无信号标志设施，在教学过程中，没有禁令标志学习及安全操作学习。第二点，正因为这些标志设施缺失导致学员缺少遵守这信号标志的法律意识。第三点，没有文明礼让的意识。这些问题直接指向了我们驾驶培训的教学质量。

第二个案例是常有人误把油门当刹车，这类事故新驾驶人最容易发生。在教学过程中，有两个因素会造成学员养成这种不良习惯，第一个因素是，在科目二的教学中，使用半联动，脚只会放在油门踏板上。第二个因素是考试过程中有相关规定，不能停车也不能熄火，否则会被扣分甚至是不及格，所以脚不敢离开油门踏板。基于这种应试教育教出的学员，养成的习惯就是把脚放在油门上，这是造成错把刹车当油门的重要原因。

第三个案例是服务质量事件。2014 ~ 2016 年，《深圳特区报》《昆山日报》、新华网多次揭露了驾驶培训市场鱼龙混杂的情况，从报名到考试，关关"雁过拔毛"的状况拷问着我们驾驶培训行业的良心。

第四个案例是驾校的管理质量事件。2015 年，某市的驾校由于管理漏洞，让学员吃了哑巴亏，教练收了钱以后就失踪了。2017 年某市学员直接把教练车开到黄河里面去了。这些收费漏洞、安全漏洞都严重影响了驾校声誉和管理质量。

综上所述：

我国驾驶培训行业的现状不容乐观。以考驾驶证为目的的应试教育，以赚钱为目的办学宗旨，以及简单粗暴的管理质量，造成了学员没有养成良好的驾驶习惯，安全文明行车意识差，法律观念缺失。这样的学员毕业以后违法多、事故多就不奇怪了。

## 二、驾驶培训质量现状及问题

1. 教学质量——"应试教育"以考取驾驶证为教学目的。
2. 服务质量——仅以"赚钱"为办驾校的目的。
3. 管理质量——管理停留在简单、粗糙、初级阶段。
4. 训练——以盈利、考试为目的。
5. 导致——服务体验差、没有形成良好的驾驶习惯、安全意识。
6. 后果——违法多、事故多。

## 三、培训质量如何由量变向质变转换

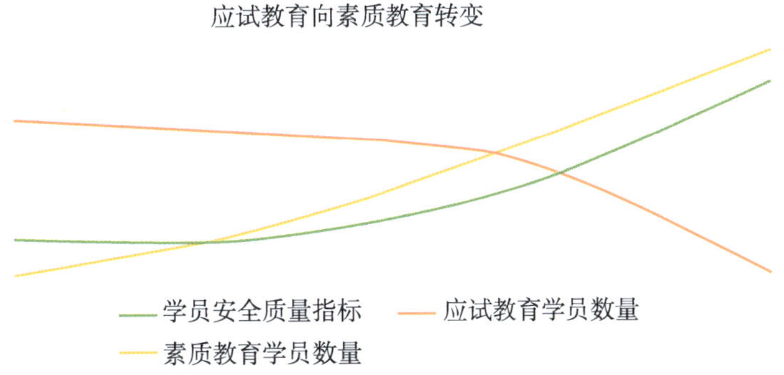

据统计，我国的驾驶培训机构现在已经超过1.7万家，从业教练员超过70万人，训练车辆将近90万辆，年培训能力5000万人。去年的实际培训量差不多3000万人，面对这样大的市场，驾驶培训机构作为道路交通安全的第一道门槛，要把好这个关口，使驾驶培训从量变向质变转换，需要实现“一个转变三个提升”。

一个转变是：

转变教学观念。像中学的基础教育一样，考试分数高的学生，只能说他成绩好，但不一定优秀。同样，在驾校，考取驾驶证，还不能说他是一名合格的驾驶人。社会不需要一个拿着驾驶证却满满扣分记录的驾驶人。需要的是具有交通文明和安全素养的驾驶人。驾校的责任是培养出社会需要的高素质驾驶人。

三个提升是：

第一，提升教练员的素质。我们应该看到，驾驶培训教学的第一窗口是教练员和老师，只有培养出高素养、有安全责任意识的教练员和老师，才能把驾驶技能和安全法律意识真正传授给学员。教练员应该在严格按照教学大纲、教学执教标准的基础上因人施教，做到严格而不粗暴，和蔼而不敷衍，不断提升服务水平。

第二，提升服务质量。服务质量需要的不是一块场地几根杆儿的驾校、让学员造成学车阴影的驾校，而是一个让人觉得学车是一种享受，具有现代化管理体系、完善设施配套的驾校。因此，东方时尚驾校创造了酒店式的服务体系、建立了花园般环境、培养了高素质员工队伍和教练员队伍。通过提升员工素养，建成学习、娱乐、生活、一体化的现代化驾校，让学员自主学车，享受学车乐趣，改变应试教育的固有模式。

第三，提升管理质量。结合驾校的实际情况，因地制宜地建立科学有序的管理体系，培养出符合企业需要的员工。管理层服务好员工，员工服务好学员。

## 四、怎样实行素质教育

教学方针：讲法律法规，讲安全文明，讲安全操作；理论与实际操作教学相结合，将法律、安全文明意识和安全操作方法融入整个教学过程中；注重安全操作培养。

第一，坚定不移地推行素质教育。重视学员的法律意识、安全意识、安全操作意识的培养。在整个教学中，我们注重讲法律，讲交通文明，讲交通常识。既有实体教室的授课模式，也有网络教学模式。

第二，理论与实践相结合。利用多种手段把安全和文明意识融入整个教学和驾驶实操培训过程中。采用先进的软硬件教学设施和设备，模拟复杂道路，模拟复杂天气，模拟交通事故，模拟突发事件。在教学过程中注意培养学生不但自身不违反道路交通规则，而且在复杂的交通环境中，还能运用防御性驾驶的措施和理念，做到安全行车，文明驾驶。

第三，建立高科技多媒体教育基地。在每一个学员科目三理论考试合格之后，宣誓之前，提供两个学时的警示教育，再次强化学员的安全文明意识和安全驾驶意识。

第四，超越学员需求的服务质量。努力创造良好的学习环境，为学员提供全方位服务。我们设立了书店与精品咖啡吧相结合的报名点，安排了绿色出行，免费接送学员的舒适大巴。在学校里面除了配备便利店、咖啡厅、餐厅、动物观赏区以外，还为学员开辟了涂鸦区，以消解学员训练和考前的疲劳与紧张心理。我们还经常举办广受年轻人喜爱的音乐节和联欢晚会等活动，把驾驶培训体验寓于欢乐中，潜移默化地提升学员的培训质量。由此建立驾校文化，受到了广大学员的欢迎，使我们驾校的品牌价值不断提升。

## 五、怎样提升管理质量

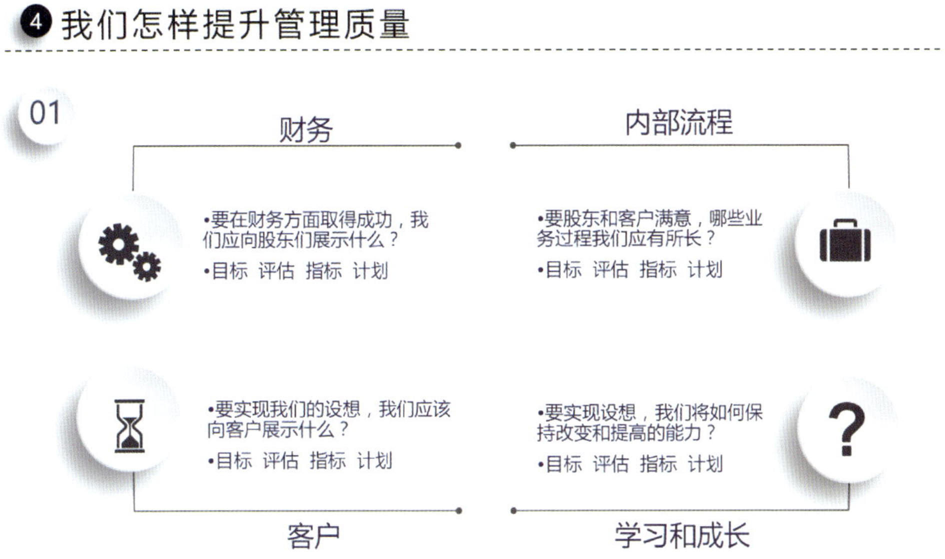

### 4 我们怎样提升管理质量

01

财务

•要在财务方面取得成功，我们应向股东们展示什么？
•目标　评估　指标　计划

内部流程

•要股东和客户满意，哪些业务过程我们应有所长？
•目标　评估　指标　计划

客户

•要实现我们的设想，我们应该向客户展示什么？
•目标　评估　指标　计划

学习和成长

•要实现设想，我们将如何保持改变和提高的能力？
•目标　评估　指标　计划

### （一）提升管理制度的4个维度

第一，财务管理。要在财务方面取得成功，我们应向股东们展示什么？

第二，内部流程。要使股东和客户满意，哪些业务我们应有所长？

第三，客户。要实现我们的设想，我们应该向客户展示什么？

第四，学习和成长。要实现设想，我们将如何保持改变和提高的能力？

要回答这4个维度的问题，需要从目标、评估、指标、计划这四个方面做好功课。

### （二）管理的核心目标

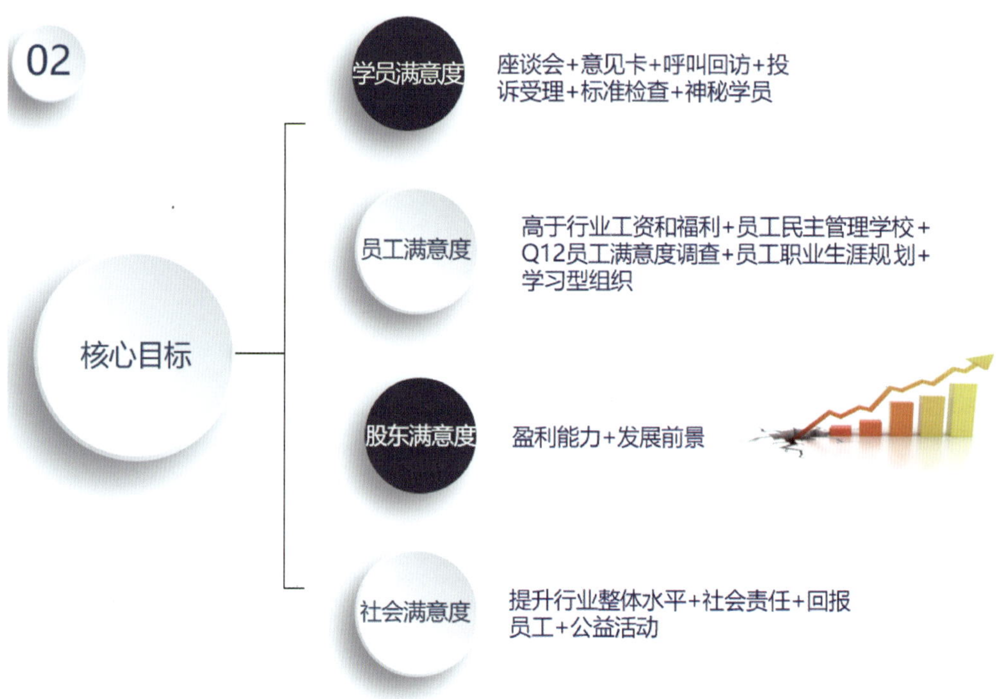


1. 学员满意度。运用学员座谈会、意见卡、电话回访等方式，通过标准检查和神秘学员调查来搜集学员的心声，识别学员的需求，改善服务。通过满意的学员口碑传播，不断提高驾校声誉，源源不断地带来新的学员，实现企业的财务目标，最终实现长期的股东价值。

2. 员工满意度。基于员工学习和成长维度，建立平衡积分卡的管理体系，为员工制定职业生涯规划，提供高于行业平均水平的工资和福利待遇，实行员工民主管理学校，推行 Q12 员工满意度调查，以创建学习型组织来调动员工的积极性，使他们自动地、自发地按照企业的标准来执行工作流程。

3. 股东满意度。通过调动员工的积极性，提升营利能力，企业创造企业未来发展前景，使股东满意度得到提高。

4. 社会满意度。在搞好培训的同时，以提高行业的整体水平为使命，主动承担社会责任，积极参与交通安全宣传，参加各种公益活动来回报社会，使社会满意度得到提高。

### （三）建立四级文件管理体系

四级文件管理体系指校级管理手册、程序文件、作业指导书、管理记录。

在校级的管理手册中，我们把企业的目标、愿景纳入管理体系，针对职能部门和工作流程来制定模块化、标准化的文件，编制岗位作业指导书；通过识别国家标准，使企业 92 个岗位的每一道工序都得到了固化；搜集汇总管理记录和管理表格，以实现对工作的监督和可追诉性。

## 六、三年内驾龄交通违法率数据分析

2016 年，昆明市一共有 119 所驾校，三年内驾龄的驾驶人交通违法率全市平均 2.15%，而云南东方时尚驾校降低到了 1.14%，在昆明市目前排名第一。按照昆明 2014 ~ 2016 年一共毕业了 76.2 万人的数字计算，2016 年驾校三年毕业的新驾驶人事故违法人数达到了 16383 人，如果所有驾校都做到我们驾校 1.14% 的水平，那么毕业三年内的驾驶人的事故违法人数就会降到 8686 人，下降 47%，交通安全水平将会得到大幅提高。由此看出，通过素质教育，我们使培训质量得到了提高。

### ❸三年内驾龄交通违法率数据分析

**昆明市平均**（2016年度昆明市（119所）驾校交通违法率平均为2.15%）

**我们驾校**（2016年度昆明驾校交通违法率排名最低，为1.14%）

2014~2016年昆明毕业76.2万人，2016年三年内驾龄交通违法16383人；假设降到1.14%，三年内驾龄交通违法将降为8686人，下降47%（近一半）。

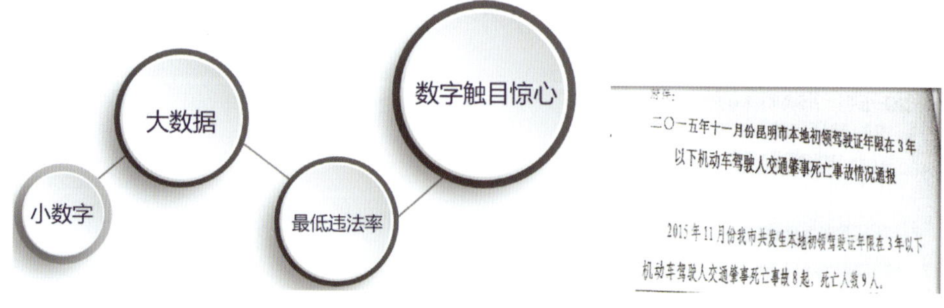


## 七、呼吁与建议

三年内驾龄的驾驶人交通违法率是衡量驾校培训质量的最重要的指标，它应该是推动驾驶培训机构从应试教育向素质教育转变的起点。为此，我们呼吁交通管理部门把驾校毕业的驾驶人最低交通违法率作为对驾驶培训机构的考核指标，并提出如下建议：

1. 疏通信息渠道，减少监管层次，提高管理效率；进一步明确驾驶培训机构的主体责任，采取有效的高科技手段，在整个教学过程中进行事中监督，对驾驶培训的最终结果进行事后追责。

2. 提高服务意识，注重公共利益，通过监管服务，推动驾校规范经营，严格执行国家规定的学时和教学内容，不断提高教学质量，引导驾校从应试教学向素质教育转变。

3. 深化驾考改革，改变学员的三个迷失：

(1) 意识的迷失，改变学驾只是为了拿驾驶证，没有法律文明安全的意识；

(2) 素养的迷失，没有基本的文明驾驶素养；

(3) 责任的迷失，对自己生命和他人生命不负责任的违章和盲目驾驶。

(4) 进一步加强驾驶培训行业的国际交流，因地制宜地建立国际化的驾驶人终身素质教育的教育体系。

总之，质量、安全与责任并行。只有管理部门、驾驶培训机构和学员这三方面协同配合，深化驾驶培训改革与创新，才能奏出安全和谐的文明交通的最美旋律。

# 第七节　创新管理模式　提升驾驶培训质量

■ 陈颂（中国）
■ 上海荣安宝山驾校　上海荣安金山驾校校长

陈颂先生在演讲

上海云之驾科技股份有限公司副总经理，上海荣安宝山驾校和上海荣安金山驾校校长。从事驾驶培训行业近10年，从一名教练员成长为一名具有300台教练车、400多名员工的驾校的负责人。2008年，率先在全国的驾驶培训行业引入了“互联网+”概念，取得了成功的经验。

**摘　要**

**科学的监管体系，对于提高培训质量有着重要作用，其中最重要的有两点：第一点是对每位学员理论学习和实际上车学时的监管；第二点是对每位学员驾驶里程数的监管。老驾驶人的驾驶技能和经验是里程数“喂”出来。所以要保证学员培训有足够的道路训练里程数，没有足够里程数就不能保证培训质量。**

## 一、培训安全文明驾驶人的摇篮

嘉宾精彩演讲视频

道路交通安全的源头来自于驾驶培训学校，没有驾驶培训的质量，就没有道路交通的安全。而质量的保证来源于驾驶培训学校科学的管理。多年来，荣安驾校一直坚持创新管理模式，使驾驶培训质量得到了不断提升，成为培训安全文明驾驶人的摇篮。

荣安驾校2008年创建之初就已经使用了互联网培训模式。我们始终秉承一个理念："诚信创造价值，科技引领未来"。坚持了"先学后付，数据说话、计时培训，学员自主"的16字方针。把所有的学员当作我们的消费者，在荣安驾校，学员学车不满意可以不付钱。我们荣安驾校在开业的时候，向社会做出了承诺，两句话：第一句承诺，荣安驾校的计时培训，有一分一秒是造假的，请求运管部门将荣安驾校的执照吊销；第二句话是荣安驾校有一起徇私舞弊的，请求公安部门将荣安驾校的考点取消，可以追究荣安驾校的刑事责任。这些都是我们保证驾驶培训质量的法宝。

## 二、荣安驾校管理"云"平台

嘉宾精彩演讲视频

荣安驾校的所有管理都是通过科技手段来实现的，我们利用了云计算和北斗查分，利用了虚拟仿真和物联网感知设备相结合，形成了荣安驾校的管理云平台。这个云平台系统直接对驾校的整个运营管理进行监管，其中，有驾校信息管理系统，有学员预约管理系统，有训考监管系统，有智能化驾驶证考试系统。这些系统对我们整个驾校的运营效率起到了提升作用。

通过监管系统，我们首先严格监管了整个驾校车辆的使用情况；第二，严格监管了所有员工在驾校里面的工作情况；第三，严格监管了每位学员学时训练情况；第四，严格监管了每位学员上车练习公里数的情况。此外，还有人事的、财务的监管等，都在这个管理系统中运营。

科学的监管体系对提高培训质量起到了

重要作用，最重要的有两点：第一点是对每位学员理论学习和实际上车学时的监管；第二点是对每位学员驾驶里程数的监管。大家都知道，老驾驶人的驾驶技能和经验是里程数“喂”出来，所以我们要保证学员培训有足够的道路训练里程数，没有足够里程数就不能保证培训质量。

中国北宋年间有一位文学家叫欧阳修，他有一篇文章《卖油翁》讲的就是熟能生巧。它的寓意告诉我们每一种技能，都能够通过长期反复的训练而达到熟练的程度。在驾驶培训行业，所有的学员都需要通过反复的训练才能够成为合格的驾驶人。我从事这个行业8年，从一名普通的教练员做起，现在负责管理两个驾校，始终坚持的就是这样一个理念，驾驶证不是学历证，它关系着道路交通安全，不能有水分，一定要让所有学员多开车多练习，熟能生巧，成为合格的驾驶人。

## 三、科学管理的荣安模式

嘉宾精彩演讲视频

拿到驾驶证的人都希望能够上路开车，但是，如果你想要上路开车，就必须要懂得安全、文明，必须要拥有熟练的驾驶技能。荣安始终坚持利用科技手段来管理驾校培训，使所有学员都能够成为熟练的、有安全文明意识的驾驶人。

荣安驾校的管理系统一共有6份教学日志，贯穿了每一位学员的训练过程。一份是场内的综合考核日志，一份是场外的训练日志，一份是场外同车互动的教学日志，一份是场外综合驾驶及考核的教学日志……在这些日志上，可以看到学员和教练员的信息。荣安的每一位学员都可以通过这些教学日志来了解自己的培训情况。

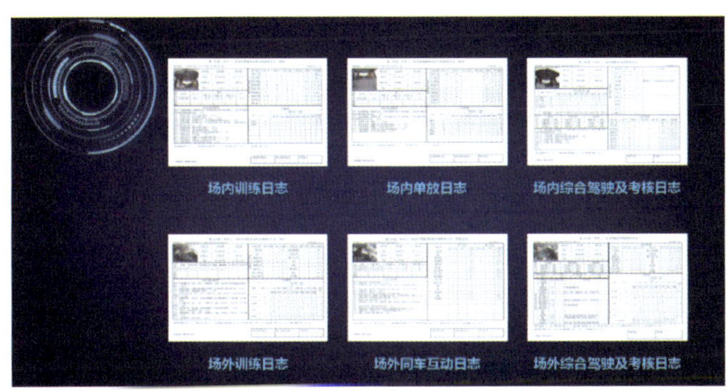

荣安驾校自2008年创建以来一直实行学员自主预约模式。学员可以自主选择训练时间和自己喜欢的老师，自主选择培训的价格等，我们把所有的选择权都交给了学员。在训练日志上，可以看到学员的名字，预约的时间和教练员的名字，这些都是学员通过互联网操作的。

在日志中，有很多的训练项目，包含要考的9个项目。由于上海的交通状况复杂，荣安驾校对科目二考试科目是严格又严格的，并加了一些标准在里面。比如，除了国标的5个项目以外，还增加了窄路掉头、隧道行驶、紧急停车和停车取卡项目。教学日志中的训练内容是学员预约的240分钟的训练内容，每一个项目，学员每一分钟在干什么，做了几次，联系了几次，及格了几次，不及格几次，合格率是多少，这些都完全记录在案。为什么这么做，就是为了让所有学员在消费过程中明明白白地、清清楚楚地知道自己每一分钱花在哪里了。

日志中的历史数据表格，下一次代教的教练员看到了，就会知道这位学员之前有几位老师带过，每一位老师带过他多长时间，训练了多少项目，每一个项目训练了多少次。这样教练员才能心中有数，才能根据学员不同培训情况施教。

还有一个最重要的部分是学员最需要看的。在整个训练过程中，荣安驾校通过监控设备和北斗卫星查分等互联网手段来监控每一位学员的训练过程，它记录了学员每一个项目的训练情况。这些数据告诉每一位学员，在你训练的这240分钟里，每一个项目训练了几次，不合格几次，不合格的原因在哪里。学员也好，教练员也好，根据这些数据，在下次训练的时候都会非常清楚地知道下一堂课应该怎么来学、怎么来教。

此外，我们还在每一辆教练车上安装了计时音频和视频的信息采集数据系统。每一位学员，每一分钟的培训视频都记录在案，并且在训练的过程中，实时用语音播报出你现在训练项目不合格的原因是什么，让他知道自己的问题在哪里。这样不仅有利他的训练和考试，而且对他以后上路驾驶都会有非常大的帮助。

# 第八节　将心倾注　匠心独运

■ 马宏（中国）
■ 河北利安投资集团有限公司董事长

马宏先生在演讲

河北利安投资集团有限公司董事长，中国管理科学研究院企业管理创新研究所、人工智能与安全驾驶行为研究中心主任，中国管理科学研究院学术委员会特约研究员。从事机动车驾驶人培训近20年，他带领的利安集团是河北省最大的驾驶人训考集团之一，2016年被评为中国交通运输行业十大诚信企业，他本人也被评为中国交通运输行业十大诚信企业家。

**摘　要**

**提高驾驶培训质量需要知行合一，不断开拓与创新，把应试教育转化为素质教育。驾驶培训素质教育的一个关键环节是学员良好驾驶习惯的养成。智能机器人是提高驾驶培训质量的有效途径。**

上一届论坛以“责任与安全”为主题，提升了人们对驾驶人培训与交通安全重要性的认知。本届论坛主题是“质量与安全”，切中了当前驾驶培训的要害。

## 一、知行合一，提高驾驶培训质量

要提高驾驶培训质量，最重要的不是口头上对生命的负责，而是从行为上做到知行合一。这是我们的老祖先王阳明传递给我们的核心文化理念。有许多案例告诉我们，知道和做到是两回事。驾驶培训行业目前存在的最大诟病是我们都知道交通安全的重要性，也都知道地球上一年因交通事故死多少人，但落实在行动上还不到位。有的社会学家把交通、车祸、死亡当成文明浩劫。粗略统计，二战以后到现在，我们因道路交通事故死亡人数已经远远超过二战死亡人数了。面对这一残酷事实，我们大家都有紧迫感，但是，做得还很不够，还没有把提升驾驶培训质量，培养合格的驾驶人完全落实到行动上，因此，还需要我们不断开拓与创新，把应试教育转化为素质教育。

嘉宾精彩演讲视频

我们认为驾驶人培训就是延展人类本能的布道，当学员把安全驾驶行为变成本能的时候，我们的社会、我们的路况、我们的交通环境就会有很大的改善。过去有一种说法叫作“物竞天择，适者生存”，现在还有一种说法，叫作“不适者生存”。人的一生是在不适应中成长起来的。当你觉得很舒服的时候，你是记不住所学的。所以我认为，驾校作为一个服务机构不能以服务去打造自己的品牌，因为我们不是提供舒适的，而是承担传递安全驾驶技能的责任和使命的，是为学员提供“爱”的，爱蕴含在对学员生命负责的素质教育之中，不应有不管学员死活的应付考试。如果仅为了让学员满意，即使采用跪式服务，赢得了客户的满意，也远远比不上用“大爱式”的教学和专业去培养客户的信仰。用爱创造出来的品牌才是企业长久生存之道。

我们认为，安全驾驶的本质是法规无法取代的素养，交通法规只是让学员不敢违规。驾校培训的目标是让学员养成良好的素养，让他不想违规。由此使我想起了被各个大学的 EMBA 当成经典的学员教育的故事。路易十六的王后，上断头台时踩了刽子手的脚，她说了声对不起。这种下意识的行为恰恰维护了人类最高贵的尊严，让所有人肃然起敬。我们驾校就应该让学员养成这样良好的素养，并且成为他的习惯。所以，驾校不仅要教学员驾驶技术，而且要教学员怎样养成文明驾驶的良好习惯。由此培养出的驾驶员的素养一定是最棒的，除此以外，没有任何捷径可走。

## 二、智能机器人的有效利用

驾驶培训的素质教育的一个关键环节是学员良好驾驶习惯的养成。美国一位学者说过，一种习惯的养成需要21天，我们的驾驶培训，四点十几个学时下来，在场内完全可以养成学员的良好习惯，就看怎么做了。去年火起来的“荷式开门法”，很多驾校都在教学中教给学员用离车门最远的那只手开车门，为了让学员记住，还创造了双手开车门的方法，但是我们发现，学员还是养不成习惯。为此，车商发明了一个小开关，当你只用一只手按住门把手的时候，这个门是开不开的。这个小开关就是一个智能设备，它能促使学员将习惯植入到行为中去，反复练习，最后把习惯变成无意识动作。这类智能机器引入驾校培训是提高驾驶培训质量的有效途径。

利安驾校在利用机器智能做驾驶培训方面做了一些有益的尝试，取得了一定的成效。2016年1月26日，中央电视台进行过报道。我们通过26万个数据对比打方向的行为，根据学员打方向的快慢和打方向的时间点，找出三种类型，使智能机器人教练能够迅速判断出这个学员的通过率和完成率。例如，侧方停车，如果仅仅就打方向而言，是第一次打方向决定了整个科目的完成率，还有踩离合对驾驶的影响，踩刹车的深度，挂挡的速度，观察周围的时间，智能机器人没有一点儿捕捉不到的。

利安驾校在教学中，把人、车以及路况信息全部输入机器人教练的大脑，使驾驶培训排除了人为因素，达到了比较精确的标准。通过实践检验，我们的机器人教练比人工教练的感知力要高。机器人大脑是传递爱的守护天使，当学员没有养成标准动作习惯时，机器人教练会采取措施，纠正刚才他的错误行为，直到学员的动作达到了标准。

在我们不懈的努力下，我们对道路交通零伤亡的目标更有信心。让我们以此去纪念因车祸而遇难的人们，为道路交通安全而奋斗。

# 第九节　如何提升驾驶教练员的质量

■ 布雷特约翰·豪斯金凯恩（澳大利亚）
■ 澳大利亚机动车驾驶培训高级教练

布雷特约翰·豪斯金凯恩先生在演讲

澳大利亚机动车驾驶培训高级教练，道路安全领域积极从业者。

**摘　要**

**一个好的教练员应该经验丰富，耐心，客观和公平，有良好的沟通技能，最好是有做教育的背景，或者接受过行业特定的培训和教育，并获得资质。同时还应该是具备以培训为核心的指导风格，或者是说以学生为核心培训理念的教育者。**

当前，很多驾校都是以教学生如何通过驾考为目的，学生也希望以最快的速度，最少的钱和时间来考下驾驶证。作为教练员是否能够在现有的培训方案上让学生获得更好的技能，成为合格的驾驶人呢？

我认为提升教练员的质量和水平，需要做好三点。

## 一、提供合理有目标的培训计划

几年前我参加了一个摩托车骑行者的培训大会，谈到了刹车的使用，每一位教练员对于怎样教刹车的看法都不一样，都提到了自己的方法有多好，提出的理由都值得信服。我们知道观念是很强的驱动因素，有时能带来很好的效果，但有时也会成为学习和改变的阻碍。所以，我们需要一个结构和目标都清晰的培训方案，让我们的教练员不断提升业务水平。

一个好的学习方案一定要能使学生降低风险，能够对道路交通安全起到积极的作用。对课程和教学要做定期的评估，才能保证达到预期的效果。比如驾驶人教育目标矩阵（GDE），它是根据驾驶人的知识和技能，还要做个人风险评估，使其获得良好的行为模式，理解如何自评并且降低风险因素，理解观念与行为如何加剧碰撞风险。现在摩托车培训用的就是这样的框架，而相关的考试也用的是分级驾驶证体系，它也跟这个矩阵模型有很多的共同之处。

在澳大利亚，摩托车的培训和相关考试的评估，有一个分级的驾驶证体系，驾驶者要积累 100 次有陪练的驾驶经验之后才能够参加考试，在认证考试过程中还需要不断获得新技能。

在昆士兰，考取摩托车驾驶证有三个阶段，包括临时的学生牌、限制驾驶证和无限制驾驶证。最近，我们推出了一个固定的摩托车驾驶人培训课程，是根据 GDE 矩阵模型来做的。每位教练员教的内容都是一样的，同样的教学大纲，也就意味着学生们学的内容是一致的，所以，教学质量得到了改善。

## 二、引导式教学和指导式教学

引导式教学能够让学生参与其中去讨论问题和解决问题，这个过程是帮助学生学习并获得技能、知识和态度，降低他们的风险。

引发讨论的一种方式是设想一些场景，让大家思考和讨论，比如说我急着回家或约会迟到了，前面的车没有提前开启指示灯就停了，我撞到了他，但这不是我的责任。我们就此展开讨论，怎么做来降低碰撞风险。

另外一个例子，我虽然知道超速很危险，但我在晚上开车上高速的时候，我的朋友让我开快点。我们就让学生讨论，为什么我们会受到他人的影响呢？晚上高速路上驾车超速会有怎样的危险，我们让学生来描述，比如说视线差、照明不足、刹车距离变长等。怎样消除这些风险呢？我们也会让学生作答，有的说晚上不要载朋友，可以坐公交车、打出租车或使用其他的方式。有的会说，换一条路走或者不要在晚上开车带着朋友上高速，还有的说白天去，因为白天驾车更安全。

成功地引发讨论，会让学生真正掌握知识，建立积极的态度和树立良好的观念，也会更容易展示出良好的道路交通安全行为，这样的教学方式可以一对一，也可以在班级环境中进行。

而指导也有不同的定义，需要迅速地跟学生建立良好的关系，教授他知识和技能，让他们在交通环境中负起责任来。我们会问学生，你觉得这堂课的表现怎么样？你觉得哪种感觉最好？哪些地方还能改进，为什么？下一次想学习些什么？通过这样的问题，可以让学生回顾自己的表现，快速成长。

这两种教学方式有很多的重合，引导式教学中教练员更需要引发式思维。我们还可以对教学计划和课程规划随时调整，这样不仅仅是满足新内容的教学，同时也可以保证它是可实施的，还可以根据需要调整教学的难易度。引导和指导都是一种技能。

开始的时候，教练员做引导员可能不适应，所以要再培训，这会给驾校和教练员都带来积极的影响。学生获得了新技能，教练员也能为驾校做出更大的贡献，建立自尊和自信，更新和改善自己的教学方法。所以，要给他们信心和时间，提供更好的职位发展前景或者是更高的工资。

## 三、评估也是促进教练员发展的关键

评估能够支持驾校的培训计划，教练员的表现能够越来越好。正式或非正式的一些评估流程，哪怕是同事之间的评估，都能带来很大的帮助。

一个教练员也要比对自己的教学内容和课程，随时观察是否按照相应的计划来开

展教学任务。要确保教学内容符合教学大纲，并且能够培养出出色的、高质量的驾驶人。从一个合规的审查或者课程中，可以获得学生的反馈意见，比如对这个教练员有些什么看法。每天、每个月，长此以往，关注这样的反馈意见就能够帮助驾校去提升培训质量。学生的评论变得更加积极主动，他会认为自己学到的比自己预期的要更多。教练员也能够从中吸取经验，不断改善教学内容和提高教学质量。

当然，驾校也会和同行业进行合作，共同制订教学大纲，使教学质量能够改善。无论是驾校，还是教练员，都要扪心自问，是不是做到了不断完善自己，保证了教学质量？

希望大家在自己的驾校中能够取得更好的成绩。

# 第十节　驾驶培训质量对道路交通安全的重要性

■ 卡努玛拉·维诺德·库玛（印度）
■ 印度道路安全联盟联合行政长官

卡努玛拉·维诺德·库玛先生在演讲

印度道路安全联盟联合行政长官，负责与道路交通安全专业人士及利益相关者进行合作。

**摘　要**

**教育是非常重要的。安全驾驶培训和安全驾驶教育是有区别的，安全驾驶教育主要是考虑让学员学习什么内容，安全驾驶培训主要是考虑让学员学习怎么做。**

中国在制定道路安全标准方面做出了积极的成绩，而且积累了很好的经验，道路交通死亡人数也在不断降低，显示了中国维护道路交通安全的决心。

车祸会对全世界带来影响，许多人会在车祸中受伤或者是死亡，这会影响到人民的生活质量以及社会的经济发展。印度的愿景是到 2020 年，每千辆车减少 38% 的死亡率。

数据表明，道路交通死亡人数比起其他最严重的疾病死亡人数还要多。这也是我们国家非常重要的社会问题。当然，人为因素是一个很大的因素。政策有时候看起来是有益的，但我们要不断审视这些政策，看看是不是真正地实施了，到底能不能减少我们道路交通的死亡人数。

印度最终希望能够建立一个良好的道路交通安全环境，减少风险，所以要更好地实施道路交通安全的法律，降低交通事故数量。

与此同时，也要更多地研究新手的驾驶行为以及车祸的原因，找出问题所在。

安全驾驶培训和安全驾驶教育是有区别的。安全驾驶教育是考虑让学员学习什么内容，安全驾驶培训主要是考虑让学员学习怎么做。我们必须两手抓，两手都要硬，保证培训和教育同时进行，通过提供更好的培训和教育，减少道路交通安全事故。

我们要改变现状，继续努力工作，力争在印度降低道路交通事故的死亡率。

# 第十一节　关于安全驾驶的准则

■ 贾斯帕·辛格（印度）
■ 印度机动车培训和工程学院首席讲师

贾斯帕·辛格先生在演讲

印度机动车培训和工程学院首席讲师，西孟加拉邦驾驶人福利协会副会长，西孟加拉邦出租车协会负责人。

**摘　要**

**道路交通事故不是自动发生的，有80%的事故是因为人的错误所造成的，因此，迫切需要对交通参与者进行培训，让他们了解道路的使用规则，并且要严格遵守规则，才能确保安全。**

安全驾驶，预防事故，安全回家，这是我们的指导原则。

当前汽车的数量，汽车市场的规模，还有汽车的种类越来越多，速度越来越快，这也带来了安全隐患。道路交通事故不是自动发生的，大多是人为导致的。

我们通过对道路交通事故分析发现，有 80% 的事故是因为人的错误所造成的，有驾驶人的失误，有乘客的问题，还有行人的原因。也有少数事故是因为路况和天气不佳引起的。因此，迫切需要对交通参与者进行培训，让他们不仅了解道路的使用规则，并且要严格遵守规则，才能确保安全。

谨慎驾驶不花一分钱，涉及防御性驾驶的法则，我们需要关心、尊重和考虑到其他的交通参与者，更需要了解交通规则和法律法规，对不法行为和其他驾驶人的错误保持警惕。另外，还需要在事故预防上下功夫，遵守交通规则，真正做到自身安全，也让其他人感到安全。

在道路交通事故中，人为因素是最主要的，包括不当加速、不当超速，不当照明，不当转弯，不使用指示灯，车速太慢以及经常使用手机分心驾驶等，这些不良的驾驶习惯导致道路交通事故频发。

我们知道人生苦短，就不要让它变得更短了。在路上安全，家中就会安全，安全的道路带来安全的生活，安全的驾驶让我们享受安全的人生。

# 第十二节　安全与质量是培训机构生存与发展的命脉

■ 安钟岩（中国）
■ 北京丰顺机动车驾驶员培训中心校长

安钟岩女士在演讲

北京丰顺机动车驾驶员培训中心校长，北京市丰顺工贸集团董事长，北京市人大代表，北京市机动车驾驶人培训行业协会会长，北京市女企业家协会会长。成立了全球第六家（中国第一家）梅赛德斯-奔驰驾驶学院，20多年来，向社会输送了20多万名合格的驾驶人。

**摘　要**

**北京重大的政治活动、外事活动、商务活动、文体活动的规模和数量远远超出其他城市，这对维护北京的道路交通秩序，重点地区的重要路段的畅通，以及管理调控水平，都提出了极高的要求。这也必然对北京的机动车驾驶人技能和素质提出更高的要求，驾驶人应在大局意识、法规意识、安全意识、服从意识、驾驶技能等方面具备与首都道路交通安全要求相适应的素质。**

根据北京市机动车驾驶人培训行业协会近一年来的调研成果，以及我作为驾驶培训机构负责人的体会，谈三点看法。

## 一、以交通安全形势倒逼质量建设，培养出合格的驾驶人是驾驶培训机构最大的社会责任

驾驶培训行业从业者，特别是各个机构的负责人，心理始终要装着道路交通安全的大格局，只有把握住大格局，才能设计自己的小格局；只有把握住交通安全与培训质量的本质关系，才能真正地搞好驾驶培训的质量建设。

多年来，一位学员给我写的一封信，我始终不忘，他说丰顺驾校不止教会了我驾驶汽车，也教会了我驾驭人生。这句话一直激励着我，我们要给学员更高的素质教育，不能单纯地把驾驶证发给学员，要使他们成为真正合格的驾驶人。

北京作为首都，重大活动规模和数量远远超出其他城市。因此，对维护北京的道路交通秩序，重点地区的重要路段的畅通，以及管理调控水平都提出了极高的要求。这也必然对北京的机动车驾驶人技能和素质提出更高的要求。

目前北京市辖区面积 16807.78 平方公里，其中城区面积 1300 多平方公里，常住人口 2200 万，机动车保有量 570 万，这些数字本身就很惊人，说明了北京体量之大。如果我们用 2012 年和 2005 年的数字对比来说明北京道路交通发展的速度，就更能够说明问题了。截至 2012 年末，北京市公路总里程达 21492 公里，比 2005 年增加了 6796 公里，年均增长 5.6%；全市高速公路达 923 公里，二级以上的公路里程达 4400.7 公里，分别比 2005 年增加了 375 公里和 1478.7 公里；北京市常住人口从 2005 年的 1538 万人增加到 2012 年的 2069.3 万人；同时 2012 年全市机动车保有量 520 万辆，其中私人机动车保有量 407.5 万辆，分别是 2005 年的 2.0 倍和 2.6 倍，小汽车出行比例由 2005 年的 25.8% 提升到 2012 年的 32.6%。如果统计人均数据，则会呈现出另外的面貌，比如 2012 年北京市人均拥有公路里程只有 0.001038 公里，车均拥有道路里程只有 0.00413 公里，如果只统计城六区，更是少得可怜。这些数据都反映出北京的大城市病和交通拥堵日趋严重的事实。

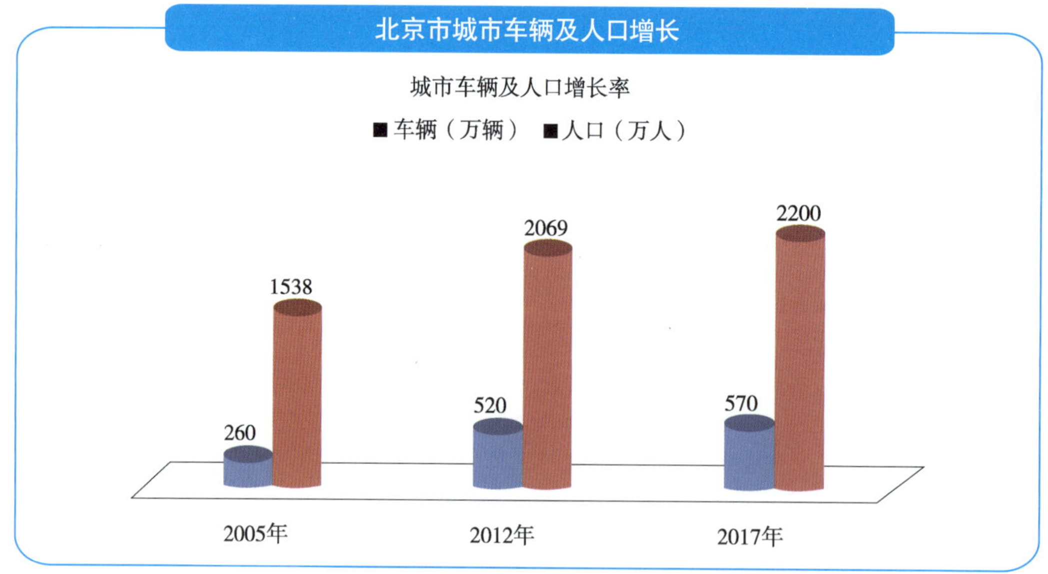


根据道路里程和私人机动车的快速增长数据，反映出以下几个问题：

1. 由于新路的开辟和建成，道路里程的快速增长，驾驶人对道路熟悉程度相对下降。

2. 新驾驶人数量迅速增加，这两个新的快速增长相叠加，对驾驶人维护道路交通安全构成的新挑战。

3. 事故肇因人车比太大是突出特征。对全国道路交通事故的原因分析表明，由于驾驶技能造成的交通事故只占不到10%，绝大多数是由于其他因素造成的，这样的现实不得不让人反思。

据统计，2016年全市受理70万人申请驾驶证，绝大部分在北京市的驾驶培训机构接受培训，而同年北京市道路交通万辆车死亡人数是2.38人，即使按照两人一车的水平，培训了这七十万人，就意味着对100多条生命的负责。如果每个驾驶培训机构站在对每一位驾驶人终身负责的角度考虑，我相信大家必然会采取更加强有力的行动和举措。

4. 非等级事故道路矛盾与冲突急剧上升形成安全隐患，也就是“路急、路怒、路霸”等现象的上升。过去我们常把这一类归为不文明行车行为，总希望能够通过宣传教育的方式来解决问题。现在看，这种非等级的道路矛盾与冲突，是驾驶人精神状态和心理状态的重要指标，是导致道路交通事故的直接或间接的非常重要的因素。必须通过驾驶培训这个环节拿出针对驾驶人个人系统性解决方案，最大限度地消除安全隐患。

**2016 年北京市道路交通事故原因**

| 事故原因 | 事故起数 | |
|---|---|---|
| | 数量 | 点总比 |
| 未按规定与前车保持安全车距 | 8923起 | 46.4% |
| 驾驶操作违规 | 5519起 | 33.1% |
| 违法变道、超车、占道行驶 | 1653起 | 8.59% |
| 低能见度条件下不按规定行驶 | 831起 | 4.32% |
| 疲劳驾驶 | 485起 | 2.52% |

## 二、以树立先进安全理念引领质量建设

1. 积极探索人车一体的融合安全理念，一般认为道路交通要素由人、车、路、环境等组成，人与车是分离的。但随着社会的发展，人的独立、自由意识也在发展，树立人车一体的融合安全理念尤为重要。

十年前，自动挡汽车还不太多，开车还是个技术活，今天，随着自动挡汽车的普及，驾驶技术难度降低了，车辆操作性能对人的意志的配合度大幅度上升，比如说要想加速，从过去的手脚配合，两脚离合到现在只要一脚踩即可。我们应该看到驾驭感越高，人车一体化结合度越高，就越可能改变人的心态。为什么有些平日里文质彬彬的人上了车就变得急躁狂野，为什么有人上车以后极度自信、认为自己什么时候都能控制住车辆等，这些都是我们需要反思的地方。汽车工业的进步，反而加速了驾驶人越发要实现独立的意识。所以，驾驶培训机构此时培训驾驶人良好的融合安全意识是最好的时机。

2. 摸索技术安全、心理安全于一身的集成安全理念。最近我们看到很多网络上女驾驶人的视频，有的是搞笑，有的是女驾驶人开车乱中出错的现象，其实这不光是女性的心理问题，而是全体驾驶人的问题。这种问题的出现，与传统驾驶培训过程中重技能、轻心理，重知识、轻理解的做法有关。

目前，驾驶人学习驾驶难度降低，也导致对实际驾驶过程中的困难认知不足，缺乏全面深入的心理准备。驾驶培训机构应将技术安全与心理安全于一身的集成安全理念，贯穿到驾驶培训的全过程。

3. 积极倡导“慎驾”理念，实现行为安全与伦理安全的有机结合，驾德更侧重驾驶人伦理安全，车德更侧重行为安全，无论是驾德还是车德都倡导“慎驾”这个安全理念。

## 三、以迎接时代的挑战超前设计质量建设

去年 11 月，我参加了中印论坛，印度有很多的三轮车和大吉普，在路过人行道时，他们是非常有礼貌的，停下来让人先行，这一点值得我们学习。

汽车工业正在面临一场巨大的变革，应当引起驾驶培训行业的重视。先进的技术一旦出现，就会不以人的意志为转移，大量运用到生产生活的各个方面。国外一些研究机构已经预言大部分的职业培训将被人工智能取代，也有一些观点说人工智能永远无法高于人脑，特别是在情感智慧方面。我赞同这样的观点。也提醒我们驾驶培训机构，在培训中要格外地加大道德伦理的分量，这是机器人无法具备的品质，这才是驾驶培训机构顺应社会发展潮流，着眼长远所做出的正确选择。质量建设不是一句口号，安全理念转变为培训内容也需要落到实处。

只要我们以履行社会责任为前提，以保证生命为安全目标，以先进安全理念为引领，以抓落实培训为质量核心，以超前设计为激励，就一定能够把握驾驶培训行业的发展命脉，实现可持续发展。

# 第十三节　谈谈台湾驾校的做法

■ 廖万益（中国台湾）
■ 台湾第一驾驶培训学校董事

廖万益先生在演讲

台湾第一驾驶培训学校董事，新北市商业会理事、财团法人，新北市新店太平宫董事。

**摘　要**

**获得驾驶证10年以上才可以做教练员，这样做对教学品质有保证。现在的年轻人非常聪明，学员的素质很高，为了对我们的驾驶安全负责，我们告诉他们反对超车等违规行为。**

台湾第一驾驶培训学校已经成立30多年。因为土地租金便宜，所以我们的学费也不贵。

我们学校环境优雅，场地很大，14000多平方米，靠近山脚。学生上课都是自己来，没有住校。大部分的学员都是大学生，都准备要买车，我们的招生方式就是网络。网络招生会打九折，所以，今年暑假的两个月已经满课，也有从美国和英国跑回来的。

在台湾，驾校的教练场要经过地方政府编定，市政府、教育局和公路管理部门等5个单位核准。土地一定要10000平方米以上。

我们驾校的教练员不准喝酒，学员也不准喝酒。学生上学，有些上午没有课，有些下午没有课，我们预留了三分之一的车辆给学生，方便他们有空的时间随时来学习。

台湾考试很严格，电脑连线到发驾驶证的公路管理部门，派一个监考官来，考生是否考上，考的成绩如何十分钟以内就知道了，所以台湾的驾驶培训做得非常好。

在台湾有很多年龄大的人开车，为了保证安全，政府出台了一个新规定，年龄超过75岁需要路考。

我们驾校实行班主任制，必须要有公务单位的工作经验才可以当班主任。有10年以上驾龄才可以当教练员，这样做教学品质就有保证。现在的年轻人非常聪明，为了对驾驶安全负责，我们经常告诫他们反对超车等违规行为。

# 第十四节　交通管理与经济绩效的直接关系

■ 马诺健（美国）
■ 国际中国投资有限集团主管合伙人

马诺健先生在演讲

国际中国投资有限集团主管合伙人和全球资本合作伙伴，主要服务于新加坡、印度、中国和美国等市场，从事中国经济发展研究达10年之久。

**摘　要**

**研究表明，驾驶安全和经济水平之间有很强烈的关系，城市是否繁荣与交通管理好坏密切相关。从政府和社会的角度来讲，要避免交通死亡事故，需要有更多的运营和操作规范。如果投入合适，安全改善之后能够提升人均GDP水平。打造好的交通安全环境和提升交通安全意识，就可以实现共赢。不管是交通还是基础设施的管理，改善人们的生活质量，做好交通管理最好的解决方案就是驾驶培训。**

在大城市生活经常被困在交通堵塞中，城市化人口的增长，都是和交通相关的。像美国洛杉矶这个城市，平均一个驾驶人每年会花 100 个小时在堵车中，这不仅浪费了时间，还降低了生产效率，很多城市都是如此。幸运的是在世界上堵车前十名的城市中没有一个是中国的城市。

从交通安全角度来讲，人们在车祸中死亡，会带来巨大的经济损失，所以我们必须要好好管理。瑞典的死亡率非常低，瑞典每年每 10 万人中只有两个人死亡。

我们访谈了 5000 万驾驶人，问他们最好的驾驶体验是在哪个国家，结果是荷兰，还有拉脱维亚和美国。而驾驶体验最糟糕的国家，有哥斯达黎加和菲律宾以及一些非洲国家，也有拉丁美洲的其他一些国家。比如说他们不遵守交通规则，没有接受过相应的驾驶培训。

## 一、驾驶安全与经济水平之间的关系

嘉宾精彩演讲视频

我想要强调一点，驾驶安全和经济水平之间有很强烈的关系，城市是否繁荣与交通管理好坏密切相关。随着国家越来越富裕，人们越来越关注其他的一些需求，这对整个国家的经济都有深刻的影响。

经济表现最好的国家，他们基本上是 75000 美元的人均 GDP，交通状况好，他们的经济发展也不错。而驾驶体验最差的国家，他们的人均 GDP 通常也比较低，人均 GDP 约为驾驶体验最好的国家的 37%，大概是 14000 美元。也就是说经济表现越好，交通效率、交通体验和安全也就越好。

如果投入合适安全改善之后能够提升人均 GDP 水平。打造好的交通安全环境和提升交通安全意识，就可以实现共赢。这是一个非常大的产业，全球交通管理产业的总值超过了 1000 亿美元。

从政府和社会的角度来讲，要避免交通死亡事故，需要有更多的运营和操作规范。每天几十万辆车，行驶几百万公里，人们别无选择，必须遵守相关规定来降低风险。所以这个方面的投入和产出回报率是非常高的，哪怕经济回报率没有那么高，从政府和社会角度来讲也是完全划算的。

另外，应该在哪里投资比较好呢？主要是基础设施，比如说道路的加固，或者监测、自动化方面等，基础设施的建设回报率非常高，政府的力量很重要。提升人们的安全意识，会更快地提升全球的道路交通安全水平。

过去的10年，在技术方面有很多的新突破，人们可以预测交通在什么时候会达到高峰，会有什么样的交通规律。比如新加坡根据不同的流量会改变道路的收费情况，还有一些针对酒驾的技术，可以提升道路交通安全水平。

## 二、怎样做道路交通安全投资才能取得成功

嘉宾精彩演讲视频

1. 做研究。在投入之前需要做足功课，分析基础设施的整体成本，不仅是建设，也包括维护。此外，还需要考虑如何回馈投资人。这是一个关于投资是否会有好的回报的整体概念。

2. 分期推进。很多人的投资有一个误区，他们只想做大项目，因为大项目的回报率可能会比较高。比如，在俄罗斯的一些地区，他们想建八车道的公路，通常10～15年才能收回成本，其实，如果我们从两车道或者四车道开始，让投资人先收回一些钱，然后再进一步投资，一点点分期推进，而不是一上来一步到位做最大的项目，这是保障投资收益很重要的一点。

3. 以人为本，做好驾驶培训投资。要让社会和相关人员共同参与驾驶培训项目建设，这不仅关乎投资人和政府，更重要的是关乎交通参与者的生命。

4. 重视技术。如今做任何项目，缺了技术是行不通的。比如英国，在伦敦周围有一些传感器的循环闭路，包括车道管理等，可以有效地引导车流，找出交通规律，包括一周每天的变化，一天每个小时的变化，这些可以降低事故发生的概率。当这些要点做好的时候，我们在道路交通安全和道路基础设施投资上就一定会有好的回报。

## 三、驾驶培训的重要性

嘉宾精彩演讲视频

在驾驶培训中必须要强调安全意识的建设。如果培训得当，指导得当，道路交通安全水平就会提升，就会让社会大为受益。做基础设施的时候，没有安全意识怎么行呢？没有培训怎么能有安全呢？这显然是不现实的。让大家遵守规则，人是解决交通安全问题的核心之一。习主席提出的“一带一路”倡议，其中的一个重要元素是全面发展，包括了经济发展，我们需要提供足够的培训和能力建设，不管是交通

管理还是基础设施的管理，改善人们的生活质量，搞好交通管理最好的解决方案就是培训。

## 四、科技发展带来的变化

我们都知道科技改变了一切，现在有自动驾驶了，不管怎样都能把人送到目的地。我们可以想想滴滴和优步，未来可能不需要自己再开车了，因为有机器人帮我开车，不需要自己找停车位，甚至不需要担心能不能喝酒。我们这个社会正在因为科技而发生变化。因此驾驶人和驾驶培训机构，以及政府都需要充分地思考，如何利用这些技术拯救生命，减少事故，让道路交通和整个世界都更安全。

# 第十五节　德国的驾驶培训与考试

■ 冯·布雷森斯多夫（德国）
■ 德国驾驶教练协会（BVF）执行委员会主席

冯·布雷森斯多夫先生（左三）在分论坛上演讲

德国驾驶员培训学校培训导师；德国驾驶教练协会（BVF）执行委员会主席，多个专家委员会和研究小组成员；德国驾驶教师学院（DFA）委员会成员，德国交通安全委员会（DVR）成员，驾驶教练保险公司（Fahrlehrerversicherung VaG）监事会主席。

**摘　要**

**分析德国道路交通安全的状况，阐述德国驾驶培训理论和实操的教学与考试方式、教练员培训方式、获得驾驶证程序，介绍德国教学与考试的优化与新技术的应用。**

## 一、德国道路交通安全概况

德国地处欧洲的中心地带，从南北两向和东西方向的通车量非常大，简单介绍一下相关的数据：德国人口8300万，高速公路总里程12000公里，主要公路40000多公里，汽车保有量4600万辆，摩托车保有量420万辆，卡车300万辆，公交巴士77000辆，机动车的密度每平方公里7648辆。每年大概有130万学员参加驾驶培训和考试，其中人数最多的还是B类，就是比较常见的小轿车和各种乘用车，其次是卡车和各种巴士。

德国在1970年，道路交通事故的死亡人达到了21000多人。经过了数年的努力，到2016年底，下降到了3314人，另外，道路交通事故的受伤人数在稳步下降。从年龄的划分来看，道路事故死亡人数，18～25岁是我们非常关注的群体，其次是25～65岁，65岁以上也是德国比较关注的人群。因为未来随着人口老龄化的趋势，会有越来越多的高龄驾驶人，这是需要在立法上加以关注的人群。

从区域划分看，分别是城市内和城市外，以及高速公路的死亡人数。相比之下，高速公路的死亡人数比较少，我们最关注的是城市外区域。

## 二、立法与驾驶培训

在立法方面，德国关注以下的重要内容：

首先，新驾驶人拿到驾驶证以后要有两年的实习期，如果这期间表现不好会把实习期扩展到四年，这个过程中会考察驾驶人各方面的表现。

另外是有陪同者的驾驶。德国从16岁半就可以学驾了，学完之后，从17岁开始驾驶，17～18岁这一年需要有父母或者是其他有资质的成年人来进行监督。年满18岁如果没有问题，就可以获得正式驾驶证了。

德国也非常重视对驾驶人进行不断的培训。这样做会使道路交通事故的比例比其他的地区低20%，被扣分的情况也会低21%。此外对于驾校的教练也有新的培训制度。

针对新驾驶人，德国还有继续教育制度，被扣过分的驾驶人也需要接受再教育。

对酒驾德国实行零容忍，驾驶人不能既服药又开车。我们还提出了一个零伤亡事故的愿景，这个愿景并不是政府强制提出的，而是德国交通安全委员会提出的目标。

## 三、驾驶证分类与教练培训

在驾驶证分类方面，德国和欧洲其他国家一样，主要是分为14类，集中包括各类摩托车、轿车、卡车、巴士。还有L类时速40公里和T类时速60公里的农用车辆。我们在这个方面的理论和实操的培训取得的效果都是比较令人满意的。

在教练员分类方面，最基础的类别标志是B、E，这是所有教练员都需要有的资质。

德国注册教练员的总数是45000人，教练员的培训历程，最开始有一个引入期，这个阶段的培训是105小时；第二个阶段要接受为期1000小时的培训。在这个过程中也要到相关的驾校来听课和观摩。之后要做职业的知识测试，包括笔试和口试部分。随后进入教学实习期，实习期长达405小时。最后我们会做一个示范课，或者说是一个最终的考核课，它包括了课堂内的理论课，也包括了最后的实践测试。在这个过程中，会有两到三名专业的考官来负责考核。通过笔试获得初级的资格，整个流程走完就可以获得教练员的资格了。

## 四、在德国获得驾驶证需要哪些程序

首先要去驾校报名，需要准备各种各样的文件，之后去驾驶证管理中心注册。

关于理论和实践方面的学习都是在驾校完成的。当教练员认为学员已经做好准备的时候，会出具相关的文件和证明，让他去参加理论考试，理论考过之后会进行路考，然后再进行下一步。

在理论培训模块方面，基础理论培训是每节课90分钟，总共有12节课，其中会涉及行为规则，比如说防御性驾驶和人的身体相关的风险因素，还有了解申请驾驶证流程、机动车注册流程等，此外还要了解终身学习的信息和要求。

接触了理论的基础培训之后就会进入目标类别的专门培训，它是2×90的方式——90分钟，上两次课。这是B类，主要会讲到道路交通安全和驾驶技巧、相关的力学、物理学原理，以及如何在驾驶过程中做到环保，还有关于车辆的特殊规定。此外还包括了驾驶人辅助系统的使用等，还有相关法律法规的学习。每一类驾驶证的培训在时间上都有专门的规划和安排。

在完成了最少的理论课程的要求之后，首先要安排学员在驾校接受一个预测试，找找感觉。之后会由教练员把学员移交到下一个机构，学员需要在电脑上以电子化的方式完成接下来的理论考试。

## 五、教学考试的优化与新技术应用

在实操培训中，分为基本培训和有针对性的专业培训两个模块。

基本培训主要包括：车辆的技术准备和检测，车辆的操纵，如何保持正确的车道行驶，如何变道，前瞻性、预见性的驾驶控制，如何应对危险的情况。特殊方面的操作主要是指停车、倒车、目标停车和针对危险情况的停车，以及坡道起步等。

在基本培训方面没有课时的硬性要求，根据每个人的情况和需求，有人可能学得时间长一点，有人学得快一点。但是要注意如下要求：需要遵守相关的法律法规要求；需要有在乡村公路上开 5 小时，在高速公路上开 4 小时，在夜间开 3 小时的操作经历。

针对专业培训，每一个类别都有大致的划分，包括时长，都会不一样。为什么会有这样的安排呢？主要为了针对每一种驾驶的情况，保证最大程度的安全，降低风险，所以会区别对待。

在接受完理论培训和实操培训之后，我们会做一个电子考试报告，主要是用于评估驾驶人的能力，给其一个反馈。

我们虽然应用了电子化的考试练习工具，但其实还是有人为介入的，比如说考试过程中的人为表现，都会由老师和负责人员提供评论、反馈和指导。这方面的工作进展非常令人满意，希望能够得到进一步推广。

我们有一个全新而良好的驾驶工具，它是一个电子学习的技术工具，整个工作流程在德国取得了非常大的成功。这个工具包含了四个模块：基本培训和驾驶任务、基本的操控、特殊培训和测试准备、准备就绪的确认。这个工具虽然了解起来比较复杂，但在操作上很便利。

这个工具可以实时地对学员的表现进行反馈，学员能够很快知道他什么地方做得好，什么地方还需要加以改善，因此能够帮助学员改善驾驶行为。

我们要帮助新手准备好适应辅助驾驶的技术。在 20 年以后，将有越来越多的自动化驾驶给驾驶培训市场带来变革，因此要了解这样的变化会给驾驶培训市场带来什么样的影响。

在德国，驾驶培训和驾驶证考试之间其实建有一座桥梁，这座桥梁就是良好的驾驶标准，这是一种基于教学心理的标准，通过这座桥梁我们能够更好地实现驾乘，提高驾驶培训质量。

# 第四章

# 国际经验交流

*Chapter 4*

*International Experience Exchanges*

# 第一节　沙龙论坛纪要

沙龙论坛简介：沙龙论坛是第二届“机动车驾驶培训与道路交通安全国际论坛”的一个重要组成部分，是继前一天（16日）嘉宾演讲后为进一步增进了解、促进交流、拓展成果而举行的一次高端对话。

主席台上共邀请了9位嘉宾就座，分别是交通运输部运输服务司巡视员王水平；国务院发展研究中心研究员、《经济要参》执行副主编何玉兴；论坛组委会执行主席、东方时尚驾驶学校股份有限公司总经理闫文辉；上海市机动车驾驶员培训行业协会会长、上海荣安机动车驾驶员培训有限公司董事长俞维林；河北省机动车驾驶员培训行业协会常务副会长、河北利安投资集团有限公司董事长马宏；中国香港驾驶学院行政总裁朱灿培；英国壳牌公司物流与道路安全运输部前主管保罗·克里斯蒂安·乔根森；国际中国投资有限集团主管合伙人和全球资本合作伙伴马诺健；德国驾驶教练协会（BVF）执行委员会主席格哈德·冯·布雷斯劳。

沙龙论坛嘉宾：从左至右：主持人王筱磊、马宏、俞维林、何玉兴、王水平、闫文辉、朱灿培、保罗·克里斯蒂安·乔根森（英国）、马诺健（美国）、格哈德·冯·布雷斯劳（德国）、主持人皮特。

## 一、上半场　嘉宾对话

**主持人：第一个问题，请交通运输部运输服务司王水平巡视员从我国驾培行业的主管层角度谈谈驾驶培训行业在监管与管理方面的发展情况。**

交通运输部运输服务司巡视员王水平在发言（中）

沙龙论坛精彩视频

**王水平：**今天的主题是“质量与安全”，质量是我们确保交通安全最基础的要素。所以，不管是今天的政策还是明天的政策，无论是中国的政策还是其他国家的政策，在驾驶员培训和道路交通安全的体系中追求的永远是安全。我们的政策如何来保证交通安全，保证社会的和谐，保证我们每一位驾驶员，或者是说每一位交通参与者都能在一个和谐、安全的环境中去生活和奋斗，这是我们的政府和我们的驾校所追求的最终的目标。

中国改革开放发展到了今天，经济社会在高速发展，汽车进入家庭已经不是梦想。我们每年有 2000 多万人进入驾驶员队伍，这么庞大的数字，连外国朋友都感到非常吃惊。这说明中国的驾驶员培训行业在当今世界上承担了一个巨大的任务，因为几千万人要通过我们的驾校，通过我们教练员手把手的规范培训进入到驾驶员队伍，进入到一个维护道路交通安全的捍卫者队伍，这个责任有多大！应该说，我们的驾校干了一件非常值得我们尊敬，让社会感到欣慰的很有责任、很有质量的事，为道路交通安全做出了重大贡献。我为你们感到自豪，所以我一定要来参加今天的论坛，为我们驾校助威。

公安部和交通运输部都充分认识到了安全的意义。如何抓好道路交通安全是我们多年以来一直在探索的。就驾驶培训而言，在“放”与“管”的改革中，怎样才能既要给老百姓学车带来方便，又要保证学员成为满足安全质量需求的合格驾驶员，是我们始终追求的。政府现在推进的允许直考，实际上是给了我们公民在学车、考试上充分的自主选择权。在这个选择权下，我们政府做的第二件事就是要提升安全的理念，提高安全的门槛。安全门槛的提高既保证了公民的自主选择的考试权，同时又使得我们规范了驾驶培训机构的服务，使得培训质量不断提高，增强市场竞争力。

我们将来的政策是门槛要逐步和实际相结合，更适合我们的驾驶培训机构的需要，更有利于市场的发展。将来越是规范的驾驶培训机构，越是规范的管理理念，越是规范的教练员队伍管理，以及服务越周到，细节越优化，越具有竞争力。所以我今天预祝我们在座的驾校能够向规范化、制度化、特别是教练员管理的体系化方向发展，希望你们能够得到更多的市场份额，希望你们在为老百姓学车服务中能够做得更好，谢谢。

**主持人：政府是否会出台更加严格的规范，使假冒伪劣的培训机构离开驾驶培训市场？**

**王水平：**安全是最大的公约数，这不仅是政府追求的，而且是我们全社会所追求的，这恰恰是我们的着力点。政府追求的安全就是我们每一个公民所追求的安全，就是我们每一个交通参与者都希望的安全。在市场竞争中政府虽然会去干预市场，但是干预的目的是促进安全。驾驶培训机构如果不规范，看似占了小便宜，但是却伤害了长远的利益。让不合格的学员毕业走出校门，他在尝到苦头后一定会回过头来跟朋友讲，这个驾校千万别去，我很多坏习惯都是在这个驾校养成的。

我们交通运输部有位老领导，有一次讲到了他夫人的学车经历，使我感触很深。他夫人是个老司机了，到现在只要开车，上车之前一定会围着车转一圈，为什么？因为几十年前，她参加驾校培训的时候，教练员就是这么教她的，很多意想不到的事情就可能在这个过程中消除掉了，至今她还保持着这个习惯。我相信他夫人一定还记得当年教她的那个教练员、那个驾校。而今天，我们的学员会对驾校的哪一个环节记忆犹新呢？我相信，每个人心中都会有杆秤。我希望每一个驾校和每一位教练员，都能让学员养成良好的驾驶习惯，并使他们因此而受益，永远记住你。

**主持人：王巡视员刚刚的谈话告诉我们，作为一名合格的教练员应该朝什么方向努力。接下来让我们听听国务院发展研究中心研究员何兴玉老师的见解。**

**何玉兴：**我先讲一个真实的故事，去年我听说东方时尚驾校有一项政策和做法，对发生交通事故伤亡的贫困家庭学员给予经济上的补助。这件事让我很感动。总书记不是说精准扶贫吗，这不就很精准吗？我年轻的时候是当记者的，跟踪采访了几个出交通事故的家庭，感触很深。时间关系我只举一个例子。

何玉兴在发言（右三）

沙龙论坛精彩视频

有一户家庭父母已经白发苍苍，妈妈也驼背了，小女孩儿特别可爱。不幸的是，他家的儿子出车祸死亡了。他们家里摆着遗像，一说起来，妈妈就大哭，小姑娘也跟着哭。每天吃饭的时候还在桌子上摆着碗筷，每天都这样。这说明，一个生命的消失给家人带来的伤痛是无法弥补的。一个鲜活的生命，是用任何的金钱都无法衡量的，生命是无价的。

今天咱们大家来自五湖四海，实际上是为了一个共同的主题，就是敬畏生命。在敬畏生命这个主题下，我们已经超越了国别，超越了种族，超越了意识形态，甚至超越了宗教。不合格驾校就是在批量制造马路杀手，屠杀生命，这个危害甚至超过了战争。德国有一个社会学家叫马思•韦伯，他说，建一座好的工厂，胜过建一百座教堂，因为每一个孩子就业，就能拯救一个家庭。我在这里套用这句话，我们每建一座好的驾校，胜过建一百座教堂。

**主持人：**何先生讲的话又上升了一个高度。从去年的论坛到今年的论坛，大家做了很多活动，有很多人想和闫校长交流，东方时尚在行业里做得这么大，也上市了，已经成了北京的一张名片，为什么又要来做这样一个论坛，初衷是什么？

闫文辉在发言（左二）

**闫文辉：**东方时尚二十多年来，一直本着履行向社会培养真正既合法又合格的驾驶人这样一个使命，才取得今天的成绩。这个过程也和今天论坛的主题"质量与安全"息息相关。我认为，这两者的关系是不可切割的。

沙龙论坛精彩视频

质量代表着安全，我们可以反思一下，驾校培训学员是仅仅让他取得了驾驶证就是质量呢，还是在他考取驾驶证的同时，不仅掌握了驾驶技术，还树立了守法意识、文明意识、安全意识是质量呢？我想应该是后者。

为什么这么讲？在我国，小学教育，中学教育，包括大学教育，没有一个课程是接受道交法培训的。只有进驾校才会有这么一个机会，系统地接受道路交通安全法律法规和交通安全知识的培训。如果我们从业者把这个机会再给错失了的话，完全用应试教育方式，单纯以考取驾驶证为目标培训学员，就谈不到质量。我们驾驶培训只有做到位，培训出的每一个驾驶人都是合格的，能够避免交通死亡事故，才是真正的积德行善，反之，我认为就是草菅人命。

**主持人：刚才闫校长指出了驾驶培训“安全与质量”的要害。下面请香港驾驶学院行政总裁朱灿培先生谈谈你们的做法。**

朱灿培在发言（左三）

**朱灿培：**我完全同意闫总的看法，质量与安全是分不开的。质量应该包括安全驾驶意识，如果你的驾驶培训课程，没有安全意识的训练，就不是一个完整的驾驶培训课程。我还要强调一点，要培养学员安全驾驶意识，一定要有完整的、系统的培训流程。每一个训练阶段都要有一个特定的目标，还要有特定的训练技巧。

在我们香港驾驶学院，有一个很系统的、很有针对性的培训流程，分四个阶段，每一个阶段都有特定的目标。第一个阶段就是在场内练习，使学员建立良好的驾驶习惯。第二个阶段我们在场内教学员怎么样控制车，怎么样开车，怎么样停车，以确保他养成好的驾驶习惯，达到一定的驾驶水平。这一阶段达标后才可以让他进入第三、第四个阶段，开车到公共路面去练习。所以每一个阶段都有特定的训练内容，这是很重要的。

此外，提高教练员的质量也是很重要的。教练员的质量不仅是驾驶技巧，还有他的职业态度，这个态度包括安全驾驶的意识，对学员负责的责任心，以及和学员沟通的方式。

**主持人：** 接下来我们有请上海荣安驾校董事长俞维林先生谈谈你们驾校的成功经验。

俞维林在发言（左三）

**俞维林：** 我从事驾驶培训管理将近三十年了，现在我就汇报一下我们学校的改革成果。现在全国 15000 所驾校的计时培训已经遍布了全国各地，上海荣安计时培训模式的成功离不开领导的支持。我们上海荣安驾校的改革有三部分，先学后付、学员自主、数据说话，已经基本成功了。为什么当时我们要搞这么一个荣安模式？

中国驾驶培训行业不缺钱、不缺人，缺的是什么？缺的是信仰、是诚信。2007 年我带领我的团队到日本和韩国考察，回来以后，借鉴他们的经验进行了改革尝试，创建了先培训后付费，满意付钱，不满意不付钱，一人一车，四个自主，数据说话的模式。我们推行这个模式，投下去 18 辆车，投资了 5000 万元。

这个模式得到了王水平巡视员的精心指导，他跟我们集团的董事长说，荣安这个模式是我十年之前就想在中国培训机构中建立的，想不到你们向前走了一步。

在座的各位都是驾校的经营者，大家知道中国的驾驶培训现金流是不缺的，关键是你怎么为学员服务好，提高学员的培训质量，培养出合格的驾驶人，使学员拿到驾驶证以后在道路上驾驶确保交通安全，这是一系列的系统问题。

作为经营者来说，先学后付，要突破这个理念是非常困难的，为什么？当消费者来交钱，要还是不要？我们选择了不要。你拿回去，你先享受我的服务，你先享受我的培训过程，你满意了，再付钱。我们把所有权利全部交给学员，因为他们是消费者。

我们荣安教练员 30% 的工资是企业给的，70% 的工资是按照 8 方面的考核，全部交给学员考评。也就是说教练员 70% 的工资是由学员打分，学员说了算。这样就在整个荣安驾校形成了一个非常良好的机制。所以荣安驾校成立 9 年来，投诉率零，考试合格率居全市 203 所驾校的前列。

荣安还创造了一个新模式，就是数据说话。当学员进到荣安驾校，每一个阶段的过程，全部由数据积累，实时下传，每一个阶段都有分析，比如 18 ~ 30 岁，30 ~ 40 岁，以及 60 岁以上的老年人，不同年龄阶段在每一个科目学习需要花费多长时间都有数据。有一些老年人可能要达到 100 学时，甚至 120 学时。刚刚从大学毕业的学生可能 20 学时就能完成。可以说，荣安数据说话模式，现在已经基本成功了。

**主持人：下面有请马宏先生谈谈如何把人工智能方式引入到驾驶培训行业中的。**

马宏在发言（右）

**马宏：**我觉得人类往前发展，人工智能一定是趋势。我们驾校建立的人工智能系统是我们中国驾驶培训人的系统，很多东西不是我创造的。比如说，学员练车时害怕，一停一捂脸，机器在捕捉到这个动作的时候，能够准确地采取制动措施。这是广州育安驾校的马校长提出来的。再比如说开车门，我们的驾驶培训比西方“荷式开门法”升了一个级，这是新疆的石河子驾校的一个教练员启发的我。他以前做过切书的工人，把书推进去以后，容易切到手，解决这个问题就是设两个开关，两只手同时按下去，刀才会下来。我们由此想到开车门时把两只手都用上的办法。

沙龙论坛精彩视频

我们人类走过了100多年的汽车工业发展道路，死的人已经很多了。我们不能再去根据西方的经验去学习，去补课。我觉得不是补的问题了，而是升级的问题。我们所有的培训机构在认知上需要升级。我觉得我们这个行业真正的服务，应该体现出大爱。如果一个教练员看到他的学员操作习惯很差，影响了他未来的生死还不着急，我觉得这个教练员就没有大爱，就是伪君子，不合格。

**主持人：** 刚刚提到了安全的意识，我想到了两个英语词，一个是交通，另外一个是悲剧。我们现在讨论一下，驾校的学员考驾驶证的通过率是不是衡量驾驶培训质量的标准？它和教练员工资之间应该是什么关系？

保罗·克里斯蒂安·乔根森在发言（右二）

**保罗·克里斯蒂安·乔根森：** 在英国，我们的学员考驾驶证的通过率和教练员工资是不相关的。作为一个教练员，我想要问一个问题，每当你教学员驾驶的时候，是不是准备好承担起责任？驾驶培训质量标准必须要建立并维持最高的标准，你必须严格要求你的学员，不辜负你的学员，因为你是在拯救他们的生命。

沙龙论坛精彩视频

**主持人：**这样看来，在英国，驾驶培训学员的考试通过率，并不是考察培训质量的唯一标准，也不是决定教练员工资的唯一标准，下面有请来自美国的马诺健先生谈谈这方面的情况。

马诺健在发言（左二）

沙龙论坛精彩视频

**马诺健：**我首先说一下新加坡的情况，在学员获得驾驶证之前，必须要通过很多测试。理论的测试是非常难的，只能有 2% 的错误机会，也就是说 100 道题你只能错两道，否则的话不能通过。有超过 75% 的人无法通过，要重新考试。新加坡的这种方式是要求学员必须掌握交通安全的理论知识，我非常喜欢这样的模式。其实考试失败并不可怕，重要的是你能不能承担起车祸的责任。刚才也提到了，我们不能损害任何一个生命，所以我想，学员考试通过率其实毫无意义，作为教练员，我宁愿让学员失败，再试一次，也不愿意因为不达标而导致车祸。

在美国，所有的高中都会有驾驶教育的课程，而且是有学分的。其实大部分的学生在高中毕业的时候都能够获得驾驶的学分。教练员履行的是教师的工作职责，这决定了他的收入是教师工资，因此，学员的教育费用和教练员没有直接关系。但如果是专门的驾驶培训，教练员的收入就比较高了，因为美国的驾校是专门针对挂车或者是卡车这类专门车型驾驶人进行培训的，教练员需要接受严格的培训。

**主持人：下面有请格哈雷·冯·布雷斯劳先生谈谈德国在这方面的情况。**

格哈雷·冯·布雷斯劳在发言（右二）

**格哈雷·冯·布雷斯劳：**在德国我们有相关的体系，有非常严格的测试。学员可以选择他去什么样的驾校，驾校要告诉学员通过测试不是目的，目的是为了保证生命安全。学员的考试通过率和教练员的工资是没有直接关系的。

**朱灿培：**在我们香港驾驶学院，教练员的工资与他的学员考试及格率不一定挂钩，但是有关系。我们有一个统计，大部分教练员的学员考试及格率能达到70%；有个别教练员的学员考试及格率达到了75%～80%；还有个别教练员的学员考试及格率才50%～60%。那么，我们就要去研究，为什么这个教练员的学员通过率那么高，是不是他的教学方式有值得学习的地方。如果教练员所有的学员平均水平都比较低，是不是教学技巧有问题，需要调整整个训练的流程……总之，对每一个阶段作研究，就可以整体提高学员考试及格率。如果发现个别教练员的教学水平是偏低的，那么当然要和他的工资挂钩了。

**主持人：在欧洲，一些国家的驾驶培训有两个不同的课程，一个是针对十几岁青少年的课程，另外一个是针对成人的课程，这两种是分开的。请谈谈这方面的情况。**

**保罗·克里斯蒂安·乔根森：**在欧洲的确有不同层级的驾驶证，不仅仅是青少年，也有成人。英国和德国的年轻人，在法定年龄之前是可以去驾校学习的，但是是在非常可控的环境中进行的，并不是在公共道路上学习。

欧洲也有一些不同的标准，比如说北欧国家，十七岁或者十八岁就可以通过驾驶证考试，但开车时却不能有其他的乘客坐在车里。即使通过了驾驶证考试，如果违反了交通规则，也可能会永远被禁止驾驶汽车。

在大部分西欧国家，驾驶人需要针对不同的车型来参加不同的课程训练，乘用车和重货车的培训课程是有区别的。在英国，如果你通过乘用车考试的话，是不能驾驶卡车或者驾驶挂车的。

**格哈雷·冯·布雷斯劳：**在德国有不一样的系统，德国只有私有的培训驾校。有十四个驾驶证分类，必须要去驾校针对具体的分类进行专门的培训。学员申领驾驶证首先要通过理论测试，然后就是路考了。路考是漫长的，学员需要到乡村和城市的各类路况上去练习。甚至有可能到高速公路上去练习，练习包括夜晚和黑暗情况中驾驶，所以需要经过大量的培训和严格的考试。

**主持人：陪练也是一个新兴的行业，也就是说学生在驾校毕业以后会找一位私人教练员陪练，来帮助他提升驾驶技术、熟悉路况等，请问这种现象在所有国家都存在吗？**

**保罗·克里斯蒂安·乔根森：**欧洲在这方面有很大的差异，与中国的驾驶培训是不一样的。在英国通过理论考试之后，学员会去公共路面上练习，从最开始就请私人教练员陪练，他们会在这个过程中提供指导。

**马诺健：**在美国基本没有私人教练员这个业务，除非是外籍人士，或者是想要学习驾驶特种车辆或专业车辆。因为学校已经有培训了，他们的父母和朋友可以做他们的陪练。

**朱灿培：**我觉得每一个国家都有每一个国家的制度，环境不同，答案也不同。有的学员拿到驾驶证以后，还要找一个私人教练员陪他上路，然后他才有勇气把车开到路上去，这一点儿也不奇怪。不是任何国家，也不是所有的路面，新驾驶人都可以开车的，这是一个保证安全的问题！

**格哈雷·冯·布雷斯劳：**在德国，情况类似，聘请私人教练员培训，这是不允许的，必须要走专业培训这条路，这主要是考虑到安全。因为最好的教练员能够保证学员达到最好的安全驾驶水平。在德国大约 80% 的学员都是 24 岁左右，比这个年龄更大的并不是很多。不同年龄段的人的特点是不一样的，我们希望区别对待，但是都有很高的标准。

德国的驾驶培训，学员通常情况下会有 40 ～ 50 个学时是在市区道路上练习的。当然，我们也有小课，大概是 100 ～ 150 个学时，这就是个人训练。如果有问题的话，还需要不断地再训练，直到达到标准。

**主持人：这个问题和下面的问题相关，这就是标准。在国外，培训与考试机制是怎样的，如何评估学员的学习成果和表现？**

**保罗·克里斯蒂安·乔根森：**在英国，所有的驾驶培训都是实战，唯一不能上的就是高速。只要有车，有教练员，就可以开车走了。如果教练员觉得你已经准备好了，或者是水平够了，就可以让你去考试了。考试是政府专门派的独立考官，不是驾校来做评估和测试决定学员是不是能够上路。考官会带学员走专门的考试道路进行测试。如果是摩托车的话考官会自己骑一辆，跟着你走，同时观察你的驾驶行为和情况。如果是重型卡车，那么他肯定会坐在同一辆车里，每一种类型车辆的考法都不太一样。

**马诺健：**美国的体系和英国是完全不一样的，学员一旦通过了驾驶人教育考试就可以去任何地方开车了。但是，如果学员拿到驾驶证，违反交通规则，出了事故，那么他的保费会上升，是家长掏腰包。所以大家就会对这些新驾驶人要求很高。我在印度长大，在印度完全不是这样做的，而在美国，很好地利用了经济手段和机制来保证高标准的安全驾驶培训。

**格哈雷·冯·布雷斯劳：**德国可以在驾校中通过考试。如果你成功通过了场内考试的话，那么你就可以有 12 ～ 18 个月的驾驶实习期。在这一年中你必须要有安全意识，谨慎驾驶，不能违反交通规则，否则将受到严厉处罚。这样做能够减少 20% 的交通事故，而且能够减少 22% 的伤亡，这是非常成功的。

## 二、下半场　场内互动

**主持人：下面是互动环节，有请来自云南省昆明市交警支队车管所的岳所长，他不仅是交警，也是警队的书法家，特别欢迎他来参与我们的活动，并进行现场书法表演。**

**岳所长：**各位领导，各位驾驶培训行业的同仁和朋友们，作为交管的基层民警来参加这个论坛，从昨天开始到现在为止，都是满满的正能量。在我们的交谈中，无论是国内的还是国外的，无论是首都的还是边疆的，所有驾驶培训行业人士，都充满了爱和对生命的尊重。作为基层的民警怎么服务好驾驶培训行业，也是我们思考的问题。刚刚听了各位的发言，我想到"浩然正气"四个字，这是因为这个会上营造了这个氛围，大家思想高度统一，认识也高度统一，所有嘉宾的精彩演讲，特别是马总的演讲给我留下了非常深的印象。马总从中国传统的文化入手，谈到了怎样启发人的心智，怎样从习惯的养成去改变驾驶人的行为，使我得到了很多的启发。

**主持人：谢谢岳所长。下面有请台下朋友向台上嘉宾提问。**

**提问：**我来自北京驾培行业。请问香港驾驶学院朱总裁，昨天听了您的演讲之后，让我了解到了贵学院在电子信息平台和数据应用方面非常先进，我的第一个问题是如今人工智能会给驾驶培训行业带来什么样的影响？第二个问题是香港驾驶培训行业现在有没有人工智能方面的研究？谢谢。

**朱灿培：**人工智能对我们是一个挑战，为了了解这个问题，去年我去过国泰航空公司，找他们的训练主管请教。他们是搞飞机训练模拟器的，参观了他们的驾驶 A350 模拟器。我问了他一个问题，飞机是人工智能的吗？你可以想象一下这个 A350 从起飞到下降，在空中飞行的时候，完全不用人去控制的，应该是目前使用人工智能最高的的交通工具。他们的训练飞行模拟器，也是用人工智能的。这个模拟器很大，多少钱呢？3000 万美金，每一年都有很高的维护修理费。飞机已经自己可以飞了，为什么还要买人工智能的模拟器呢？这 3000 万美元的投资值不值得呢？他告诉我，这 3000 万美元的投资是模拟一些很危险的情况，训练的重点是程序的训练，如果有情况出现，你应该做一些什么样的动作，这个动作一定要一个一个地、一步一步地做，不能出错。因为机器会出错，所以飞机越精密，用人工智能越多，模拟训练就越难，需要更长的时间训练。我由此受到很大的启发，未来会不会发展到学员不用考驾驶证就可以去开人工智能的自动驾驶汽车呢？不可能的，因为如果出事，由哪一个人负责呢？当人工智失灵了，这个驾驶人是否懂得控制，我想这个训练比现在的培训还复杂。

总之我觉得，人工智能对驾驶培训一定有很大的帮助，但是永远不能代替路面的学习，不能代替一个真真正正的教练员。

**主持人：我再补充一个问题，人工智能在未来会应用到所有的培训车中吗？我们的培训学校在未来会变成什么样，比如说谷歌未来会做培训学校吗？**

**保罗·克里斯蒂安·乔根森：**现在我们已经有实时测试智能汽车了，未来是不是还需要驾驶证呢，可能不需要了，就用一个苹果手机，这个车就能在我身边自动驾驶，我告诉它去哪儿，就直接在车上打电话，做所有的事。比如说之前我们提到了不应该在车上做的事，在未来我们都可以做了，所以说智能汽车可能会带来很多的改变。

另外，我们还是要减少风险，93% 的事故都是由人的因素引起的，如果换成智能汽车的话，那个时候可能会发生很大的改变。我们的教练员也许会成为 IT 的工程师，也许会是一个智能的机器人。

**主持人：下面请马总对人工智能发表看法。**

**马宏：**说起人工智能，有一个案例给大家讲一下，当年英国出台过一个红旗法案，因为英国有了汽车以后，马车夫不干了，集体去工会、协会、商会找政府，说不行，容易出人命，速度太快。于是英国出台了一个法案，规定机动车在道路上行驶每小时不得超过 6.4 公里，这造成了汽车革命。在这个事件上，英国损失是最大的，受益的是美国和日本。这个历史告诉我们，我们不能站在传统的立场来看待新技术的发展。可以说，人工智能一定优于传统驾驶技术，一定会改善现在的状况，但绝不能说就不发生事故。

**主持人：刚才几位嘉宾对智能驾驶的未来发展发表了各自的看法，不论怎样，都不能忽视人的因素，因此，驾驶培训仍然是非常重要的。让我们回到驾驶培训的话题上来。**

**提问：**我是来自山西省机动车驾驶员培训行业协会的，昨天蔡司长讲过了，交通运输部推出了四个驾培建设——“平安驾培”“绿色驾培”“诚信驾培”和“品质驾培”。就“绿色驾培”而言，我国把发展新能源汽车确定为国家战略，目标是要在新能源汽车发展的过程中超过美国、法国、欧洲和日本等汽车王国，实现新能源汽车工业的超速发展。我请问新能源汽车的发展对驾驶培训行业的质量提升和安全将产生哪些重大的影响，有请闫总来回答这个问题。

**闫文辉：**估计您看到我们教练场里面 2400 辆教练车中有 50 辆是新能源汽车。

我觉得人类用电比用油早，应该不叫新能源吧。为什么我们国家大力提倡绿色交通，可能是由于近几年沸沸扬扬的雾霾，这在伦敦几十年前已经发生过了，这是我们经济发展的一个过程。作为新能源汽车进入教练车的行列，我觉得是一个发展方向。这两天会议门口也摆了几辆力帆新能源汽车，会前我也体验了一下，跟柴油车和汽油车没有太大区别。纯电动车替代教练车，从教学上应该是没有问题的，最起码相当一部分学时没有问题，但为什么不能全部替代教练车呢？别忘了，我们的教学除了法律知识的培训、技能的培训还有机械常识的培训。如果学员问教练员，你打开发动机罩我想知道哪一个是四配套，哪一个是加油口，教练员一打开就是电池，也不行吧？纯电动车能替代相当一大部分传统汽车的培训，这是没问题的，我们也尝到了甜头，从运营成本上也是大幅度下降的。最近我们的大客车也在逐渐用电动车替代汽油车和柴油车，安全上也没有问题，和其他车没有差别。因为这些车是经过了国家认定的，和汽油车、柴油车是同一个安全标准。

**提问：**我是上海市机动车驾驶员培训行业协会的副会长，我今天要提三个问题给王水平巡视员。

第一个问题是公安部目前在全国实行的驾驶人学车居住证制度，我感到这影响了整个中国驾培训行业的发展秩序。问题在于，有些城市搞了积分制，到了一定的积分才可以办理居住证，才可以学车。居住证对于高端人群来说，他的积分肯定能达到，但是驾驶员培训是满足我们每个老百姓深层的需要，按照这个积分，基层的人根本就达不到。那么，他在这个城市工作，因为办不下居住证，所以就不能学车，我想交通运输部是不是和公安部对接一下拿出解决办法。

第二个问题，上海荣安驾校在全国率先实行了先学后付，不知道王水平巡视员对荣安模式还有什么希望和要求。

第三个问题，联合国有一个国际驾驶中心组织，而我们中华人民共和国大陆地区的驾驶证到了国外有些地方是可以开车的，有些则不能，即便可以，还要重新考试。我国大陆地区的驾驶证能否实现在这些公约组织国家像使用香港的驾驶证一样，不需要重新考试？

**王水平：**这三个问题我简而答之。

第一个问题。关于公安部出台的政策，一定是对全国各个方面做了充分的调研提出来的。可能这个政策是权宜之策，可能是某一个时期的特殊政策，我们应该认真地按照政策去执行。当然,驾校对政府的政策,可以提出一些建议和意见,我们也可以去反馈。

第二个问题是关于荣安驾校的创新模式,他们确实给全国的驾校树立了一个榜样。20 世纪 90 年代中期我就已经知道了这个模式。我一直在探索,有朝一日能够在中国推行这种先学习后付费,一车一人的培训模式,改变过去那种师傅带徒弟,一车八个人干一天,谁上车也干不了一个小时,最后累得要死,还没有学到东西的状况。所以荣安的模式是方向,其实国外早已实行了这种模式。我们今天推行这种模式,要按照客观的规律去发展。有荣安在前面做榜样了,交通运输部已经在全力推进,所有的驾校都要按照这个模式去做。荣安不仅仅是带了个头,也已经占领了市场的先机,我相信发展前景非常广阔,希望荣安驾校用数字说话,把它的规律性和现在的很多标准规范融合起来,下一步在标准规范的修订中发挥好数字的作用。

第三个是关于驾驶证国际化的问题,可以说中国的改革开放得到了世界各国的充分认可,中国大陆地区的驾驶证实际上在世界各地短时间内开车都是认可的。只是时间长了,可能要做一些调整。我听说公安部也在积极探索和相关国家研究驾驶证的互认,我相信不久的将来,我们大家到国外开车一定会畅通无阻。

**提问:** 我有一个问题,怎样保证专业驾驶人的驾驶质量?

**朱灿培:** 我们香港驾驶学院,不但提供培训给初学者,对有经验的驾驶人也进行培训。我们有一些特别的课程给很有经验的驾驶人,教他们怎么样在最危险的时候控制车辆。我们还做很多的特别培训,比如为大的物流公司提供培训,教驾驶人怎样控制大货车,怎样有效地使用货车,比如说货车的损耗和用油,以及良好的驾驶习惯等,因为车队的整体表现对一家物流公司是很重要的。我们也跟一些很出名的汽车制造商合作,设计一些训练课程,让驾驶人有效地使用车辆,减少出现危险的机会。

**提问:** 我来自广州驾驶培训机构。我们公司主要是做模拟仿真教学的考试,我想问一下朱校长,你们在这方面有什么经验?另外,我还想问一下荣安驾校,模拟学习和实车学习,是怎样做到无缝衔接的?

**朱灿培:** 我认为,模拟器给我们带来了便利,来改善我们的培训模式,提高我们的培训效率,所以模拟器和人工智能对驾驶培训行业很重要。刚才我们讨论的是一些很危险的情况,你不能用真车练习时,这个人工智能模拟器就很有用了,它会改变我们训练学员的方式,但是不能代替真正的路面经验,这是非常关键的。所以,人工智能会改变将来教练员的教学方式和教学内容，可是，不能代替教练员和路面学习，这与训练飞行员是一样的。

**俞维林：**在交通运输部没有强制规定之前，我们荣安驾校在2008年就实行了虚拟模拟器的训练。通过九年实践，学员的反馈非常好。我们把学员在模拟器上基础动作全部通过计算机实时上传，包括正确的和错误的动作，当场打印。学员进行实场训练之前，使用五到六个小时的模拟机进行基础训练效果是非常好的。

**马诺健：**在我来看，模拟器和人工智能可以承担指导员的角色，但是不能完全取代教练员。很多时候学员学车时会害怕，不敢踩刹车，人工智能可以帮助踩刹车，这些不需要教练员的参与。但当训练完成之后，真正上路时，就需要让教练员参与了。当你在学习驾驶的时候，停车是最难的部分，现在直接按一个按钮，就自动停车了，这样的一些技能也是随着技术的发展而发展的。我认为10年或15年之后，我们的一些教练员的工作可能会消失，其他的商业用车培训，教练员还是会继续存在的。

**主持人：如果一个驾驶培训学校想要使用人工智能技术，也需要相关人才，这也会带来高成本，如何看待这个问题呢？**

**马诺健：**我并不认为人工智能在未来会非常昂贵，现在越来越多的行业都出现了人工智能技术，所以会越来越廉价。

**提问：**我来自安徽省机动车驾驶培训行业协会。中国大部分的驾校在县城一级，农民是最大的学车人群，我的问题是，如何提升县城一级以农民学车为主体的这一类驾校的管理水平？

**何玉兴：**我是这个领域的外行，这位先生提出了一个很大的问题，中国最大的问题是农民问题，因为咱们国家农民的群体太大了。前几天我回老家，发现现在农村娶媳妇讲要“一动不动”。“一动”是必须要有一辆车，大概是8万到15万之间，和经济水平差不多；“不动”就是房子，而且是县城里面的，村里的不算。也就是说，除了房子，现在农民家家必须要有车，这个数字是非常庞大的，所以，农村的驾驶培训必须要给予极大的重视。

**马宏：**对农民培训问题，我有资格说两句。我们河北利安驾校集团有九个校区，其中有一大半在农村。你这个问题这么开放，这么大，我只能给你一个方案，你想解决什么问题就去我们驾校看看，你想解决管理部门的问题，带上管理部门去，你想解决教学的问题就带上教练员去，我们会毫无保留地解答你的问题。

# 第二节 分论坛讨论摘要

## 一、驾驶培训与考试政策

**Q1：在德国，学员参加驾校的培训后，凭教练员给学员出具的学习证明参加考试。这个学习证明有无法律规定？主要反馈了学员的哪些信息？如果这个学员以后发生了事故或者其他情况，对教练员是否有一定的影响？**

**A1：**如果学员没有通过考试，他可以再次申请。学员以后发生了事故不会给教练员带来影响，事故发生原因和教练员及当时的教学情况没有直接的因果关系，所以法律没有这样的规定。

**Q2：晚上进行驾驶培训有益于训练，德国在这个方面有没有一个最低要求？**

**A2：**至少满足三个小时的夜间训练时间，农村公路上五个小时的夜间训练时间，大部分训练在城市道路之外进行。

**Q3：关于夜间培训有效性的评估，请问德国代表，您觉得强制性的评估是有效的吗？**

**A3：**总体来说，这样的评估还是有效的，因为我们减少了伤亡的数字，虽然很难将伤亡减少和驾驶人的夜间培训关联起来。但是在高速路上我们这样的驾驶培训还是非常有效的，在世界范围内德国的高速公路驾驶速度最大，驾驶员素质较高，而且我们在夜间也可以最好的培训学生的准备能力和速度操控能力。夜间驾驶最难培训摩托车，因为摩托车在夜晚行驶的概率更小。

**Q4：驾驶培训在香港至少需要 30 个小时，中国大陆是 40 个小时，德国是什么情况呢？**

**A4：**我们一般有 35 ~ 50 个学时的教授，而且政府也要求在事故高发地段来培训这些学员，让学员了解如何在紧急情况下设定操作目标并获得预期结果。

**Q5：请问韩国嘉宾，协会在驾驶培训行业的发展过程和政策制定过程中发挥怎样的作用？制定法律法规时协会给行业提供建议及参考，国家会采纳多少？协会在行业有没有一定的执法权？**

**A5**：韩国现在有两种考试方法，一个是直接通过驾校考试后拿到驾驶证，另一个是自己拿到驾驶证。有80%左右的人通过学校拿到驾驶证。现在韩国的驾驶培训协会已成为国家一个很重要的机构。韩国驾校和协会有一种很亲密的关系，但要由协会独立落实驾校发展的问题，国家没有资金，也不进行监管。现在韩国的考试方法是从驾驶培训系统中转化出来的，这个系统由协会来管理，协会在这个系统中保证驾驶培训的质量。在我们新的驾驶培训方式中，个人的管理方法越来越严格，并且由协会控制其发展。所以，目前韩国的驾驶培训协会和政府合作，发展得更加独立、更加强大。

**Q6：中国公安部规定学员如果路考五次不合格，要重新开始学习，有效期是三年以内。请问澳大利亚的朋友，澳大利亚对学员毕业考试有没有不合格次数的限制？**

**A6**：在澳大利亚，学员不一定要经过驾校才能够获得驾驶证，到18岁可以通过一些简单的测试来获得考试资格，也可以在家长的陪同下获得考试资格，比如通过100～120个小时的监督陪同驾驶来获得考试资格。

澳大利亚政府鼓励学员参加正规的培训来进一步提升技能。当学员有了一定的经验，获得了考试资格后，就可以再到学校来进行培训，相关的教练员可以纠正他的错误驾驶行为。

如果学员没有通过考试，需要重考。我们鼓励这些学员通过一些正式的专业培训之后再来参加考试。

此外，如果新手有一些驾驶培训经验，在1～5年的时间内能够减少不低于35%的事故发生率，那么这样的实操培训，就非常有价值。不过，如果学校建议学员参加测试，九次还没有通过，这个学校可能就会被罚停办。

**Q7: 已经拿到驾驶证的驾驶人会进行再教育吗？在什么情况下进行再教育？是发生严重车祸还是有人员死亡？**

**A7**（马来西亚嘉宾）：马来西亚在七八年前，曾经执行过这样的制度，如果扣分满了，就要接受再教育，上一个 3 天的课程。然后就可以减分，减分够了，就可以拿一年驾驶证。这个制度现在已重新启动。

此外，私人机构可以为有驾驶证的驾驶人提供再教育等提升活动，帮助驾驶人提升驾驶技术，包括危险、特技科目。但技术提升活动不纳入当地规范。

（美国嘉宾）：在美国一旦有事故发生，比如路上发生追尾事故时，事故责任人一定会接受惩罚。比如驾驶人闯红灯，或者开车时打电话，不管是因为什么，交管局一定会采取行为，把驾驶人送回教室让他们接受防御性驾驶课程的学习。在课程上会有专职的教练员从头到尾把所有的交规，所有应急情况，该做出的行为从头到尾给他们讲一遍，这是一个特别漫长、很无聊的课程。对于那些忘记交规，在实际驾驶过程中有所松懈的驾驶人来说必须要接受这种课程的教育，作为违反交规的代价，这种防御性的课程让你不会想第二次违反交规。

（印度嘉宾）：印度跟其他很多国家相比在硬件设施方面可能较弱，知识技能方面可能还掌握不足。我们不像美国、英国可以实现在线的理论教育，但是我们的政府也不遗余力出台道路交通安全相关政策，并促进印度落后地区安全方面的教育。

（英国嘉宾）：关于再教育，在英国我们每过一段时间对驾驶人进行一次核查，以保证每个驾驶人都能达标。

另外，对每一个驾校我们会进行独立的审核，这种独立的审核并不是驾校对驾驶人进行的审核，而是由第三方的监管机构进行的审核。因为第三方监管机构更客观，所以更能够保证每一位驾驶人都能达到相应标准。

在英国，目前模拟器还没有使用。英国对驾驶人的培训方式跟中国不一样，我们所有的培训课程都在路上完成。比如您第一天来驾校学习如何驾驶车辆，可能让你直接上路。可能这个学员目前的基础还不能上高速，但是我们的教练员会让你在力所能及的地方比如开放的公路或者乡村道路上进行学习。

我想再谈一谈我自己的经历。我女儿最近才考驾驶证，她在考驾驶证之前接受了为期一周的非常密集的培训，都在开放的公路上完成，而且是一对一的指导，每天 5 个小时。不幸的是她没有通过考试。我觉得也是一件好事，她没有通过考试好过于没有达标就上路成为马路杀手。她又上了另外一门课程，这门课程每 45 学时进行一次考试，她通过了这个考试，我很开心，因为我觉得坐在她车上比较安全了。在英国，每个阶段都有一套标准，这套标准比较有效，标准和科技相结合会更好。

**Q8：请问美国嘉宾，据说美国公民在获得驾驶证之前不需要接受来自于驾校的任何课程的培训。那么美国政府如何确保驾驶人的整体质量，以及确保其他交通参与者的道路安全呢？**

**A8：**我首先把美国居民分成三类，第一类是土生土长的美国人，第二类是来自其他国家的移民，第三类是职业驾驶员。我先简单介绍一下美国的职业驾驶员，对于在美国从事驾驶工作的人群，在他们获得职业驾驶证之前，都接受了非常广泛并且高质量的培训。对于外来人口，虽然他不需要在美国接受培训，但是如果想获得美国的驾驶证，必须要通过我们美国驾驶证的考试。对于土生土长的美国人，高中是美国义务教育的一部分，每一名学生都会上驾驶课程，可能这些学生家里面没有车，但是只要他们来到学校，就要学习驾驶的理论知识，学习法律法规，随车跟教练员去练习，这也是他们课程的一部分，老师会给他们打分。每一个人处在这样一个大环境下，都知道美国交通的法律法规是什么，他们自己的安全意识也都非常好，交通安全问题就不再是一个问题了。

相对于主体而言，外来人口只是很少的一部分，拿我自己举例，我就是移民，我来到这个环境当中，必须跟随大部分人的脚步，这也是我认为现在美国人民遵守交规这么好的原因，就是环境的影响，环境的力量。有一些驾驶人开车的时候发短信、打电话，带来了很大的安全隐患，但近年来美国交管局对这方面严格执法，专门抓那些开车使用手机的人。总体而言，美国的道路交通安全不是问题。

**Q9：美国的高中生驾车就可以上路，是美国各个州这么规定的，还是教育部门、国家层面的规定？我们了解到美国有一个限制开车年龄要求，美国高中阶段如果开车上路，指导人员是学校里的老师，还是他的亲朋好友？上路年龄要求是怎样的？**

**A9：**刚才所说的美国高中是公立高中，在每个高中旁边就有一个社区。对于美国的学生而言，如果你想毕业，驾驶培训课是一门必修课。为了拿到高中的学历，学生都要参加并通过驾驶培训课。教练员大部分都是高中校内的老师，只不过老师在真正教授这节课之前是经过培训的，他们也是有足够的资质去教授这些驾驶课程。还有您刚才提到驾驶的最小年龄，在美国开始学驾的最小年龄是15周岁，他们要在一年之内完成驾驶培训课，也就是说美国的公民年满16周岁可以有驾驶证。在16～18周岁，美国的公民驾驶证都是红色的。他们买烟买酒都需要展示自己的驾驶证，大部分店员也是通过驾驶证的颜色去辨别他们是否有足够的权利购买烟酒，这也是驾驶证在美国的另外一个用途。

另外，我来美国25年了，我观察到，对于大部分年满16周岁的美国中学生而言，这些学生心理已经足够成熟，并且联邦政府也确实耗时、耗力、耗钱、去确保每一个高中的驾驶培训课程成功实施。

**Q10：对于驾驶人的唯一专业培训机构驾校来说，在英国除了考试科目以外，学员上路以前还有什么针对性的安全教育方法，可以指导他们安全参与交通？**

**A10：**英国的学员学习驾驶，所有理论学习只是一部分。整个过程尤其是上路，要确保教练员坐在学员旁边。

所有的教练员应该进行两方面的教学。第一，教练员要帮助学员去了解汽车工作的原理，并且帮助他们去学习整个交规。比如说教练员需要告诉他们的学员什么时候刹车，什么时候踩离合，类似这种具体的操作。

另外，上路进行指导时，教练员要告诉学员，比如路面上其他车辆在打信号灯时到底是什么样的意图，让所有的学员去了解整个路况以及如何处理不同状况。

就驾校考试而言，我们特别在乎学员是不是真正达标了，学员是否掌握了技能，而不是到底有多少人通过了考试，有多少人没有通过考试。另外，教练员必须坚持自己的标准，坚信自己对学员严格要求没有错误。教练员不会因为学员通过考试或没有通过考试有相应的奖励和惩罚。在英国，人们二三十次都没有通过考试也没有关系，可能到第四十次时你就真的成功了。

## 二、教练员管理

**Q1：请问德国同行，德国的教练员培训要 105 ~ 1000 个小时，学时是全日制还是松散型的？**

**A1：**对于教练员而言，我们有一个预培训，预培训是 105 个小时，而所有的培训小时加起来至少是 1500 个小时，可以说是松散型的。

**Q2：1500 个小时的教练员培训在德国是否有法律法规的依据？这是由哪个机构组织实施的？**

**A2：**德国有一个特别教练员法，开展得非常顺利。德国一共有 16 个州，每个州有一个教练员测试小组，小组中包含了政府官员、教练员和工程师。我们的政府会进行监管，并且教练员需要通过好几个测试，首先有笔试，之后在课堂上面对真正的学员来进行教学，而且是至少 45 分钟的课堂教学，还有实操部分的教学展示。

**Q3：德国教练员是不是要经历定期的继续教育或者评估？**

**A3：**肯定有继续的培训，大概每四年有三天，特殊的工种需要特殊的培训，特殊培训每年一天。而且政府对这些驾校也有自己的监控系统，每两年进行一次审查，审查这些驾校的资质，如果这些驾校有不符合标准的地方，就需要向政府提交一个整改方案。

**Q4：在香港要当教练员有什么条件？由谁发证？教练员的收入在香港处于一个什么样的水平？**

**A4：**在香港当教练员基本的要求是要有三年的驾驶经验，没有严重的交通事故。对教练员有一个专门的考试，这个考试是香港政府举行的。要考笔试和路试两个方面，要求比较严格，所以不容易及格。拿到教练证就可以当教练员了，教练员没有高中毕业或者大学毕业的要求，一般教练员拿到这个教练证就可以到个体户那里当教练员收学生。

香港驾驶学院完全不同，首先是选一些合适的人士到学院当教练员，也是三年的驾驶经验，没有严重的交通事故。我们要选择既心态正确又驾驶水平达标的，因为三年的驾驶经验不足以保证驾驶水平达标。

然后他们经过培训，被保送参加香港政府运输署的教练员考试，但是他拿到了这个教练证后，还没有及格，我们聘用他为准教练员，接受 12 个月的在职培训以及考试，这很重要。在 12 个月期间，我们有自己的要求、自己的训练，来评价他是否及格。我们的评价标准有三个方面，第一是他有没有专业的知识，第二是他有没有教学技巧，第三是他有没有正确的态度，这三个方面都很重要。如果说这三个方面都及格了，我们就聘用他为教练员。他成为教练员以后我们每年都要安排考试，每年都要安排技能提升的培训，提升他的专业水平，所以在我们的驾驶学院当教练员非常辛苦。

12 个月的培训，通常不及格的是什么人？是态度不好的，他不尊重、不认同教练行业，心态不正确。态度不好就不及格，不及格我们就不给他教练员合约，他就要离开。

刚才提到在香港驾驶学院工作的要求比香港政府拿教练证的要求严格得多，因为我们是服务机构，给学员提供高质量的培训，所以一定要按照我们的要求去做。和外面的工资相比，我们的工资比较理想。有年终奖，一般是两个月，也有多于两个月的。如果计算他的工资，包括年终奖和超时工作的工资，应该是 85% ~ 90% 的员工每个月平均工资是 25000 港币以上，大概有一半人是 30000 多港币，他们还享有一流的保险和假期等，员工有好的表现，还会在他生病时照发工资。如果待遇不好，他不可能尊重他的职业，不可能尊重他的价值。

有人问，你怎么成本这么高，是不是会亏本？你想象一下，现在在中国香港，在内地，有很多有钱人把子女送到很贵的学校去接受教育，为什么呢？就是物有所值。这个物有所值很重要，你如果能够提供高质量的培训，这个价格贵一点没有问题。我们香港驾驶学院的收费是全香港最贵的，比外面的驾驶学校和个体户高差不多两到三倍。但是我们的学员占整个香港的一半，所以价钱不是问题，质量才是问题。

**Q5：我国大陆地区驾驶培训的一些规定明确提出，教练员每年必须要参加 24 小时的继续教育，继续教育的内容主要是一些现行的法规或者一些新技术。请问香港的质量保障和发展课程有明确的法律规定吗？如果有法律规定，在执行过程中管理部门对培训过程有无监管？**

**A5：**质量保障体系是我们公司（香港驾驶学院）独有的，我们公司每年有对教练员进行大概 8 个小时的培训计划，不是政府规定的。

我们公司有两个计划，一个是质量保证计划，驾驶人培训、考试和接受观察，我们看教练的技能和态度怎么样，这是考核的重点。不是单靠一个考评就说我们的教练员水平达不到。日本每一个教练员怎么教学员，培训学员的态度怎么样，会有记录。我们现在也有记录，每年都在看这些记录，我们要保证教练员的工作是一个真正的长期的工作，不是一个应付考试的工作，也不是几小时的工作。因为考试能够及格、过关并不能说明你的培训达到了标准。我们有一个电子信息平台，会记录教练员教的学员在每个学习阶段的表现怎么样，在模拟考试的表现怎么样，在最后考试时表现怎么样，这是整年的考评，不是一天、两天的考评。

另外，我们每个教练员要进行技能提升培训，重点去讨论学生常犯的错误是什么。举例说，很多学员很紧张，我们有一个专题讨论，请心理专家给教练员培训，教他怎么帮助学员减少紧张的情况，怎么让学员带着既舒服又愉快的心情去考试、去练习，这个很重要。

当然，教练员还会定期讨论最新的法律法规、培训的安排和课程的发展，我们目前用这种专题讨论的方法去提升他们的专业知识和技能，这是很重要的一块内容。

**Q6：在英国要成为一名教练员有什么条件？如何进行后续管理？**

**A6：**在英国，如果一个人想要成为一个驾校的教练员，首先应该确保他自己获得了所要教的科目或者是种类的驾校营业执照。比如说我想当教小型轿车的教练员，首先确保我自己获得小型轿车的驾校营业执照，这是第一关。如果你想要教卡车、公交车、大货车也需要取得相应门类的执照。当你通过第一关时，应该参加一个比较长的课程，参加完以后会有 ADR，也就是说英国驾校执照颁发局颁发的证书。每个公司的培训标准不太一样，为了确保我们有一致的标准和高质量的培训，必须要去了解全球驾校的标准在哪里。现在我们所面临的挑战，首先要承认不同国家和不同地区确实在驾驶政策方面存在不同，比如刚才有专家提到，不同国家的驾驶证可能在中国或者是其他地区，并没有得到相应的承认，我觉得这一点应该得到改变。

我们公司最近在做一套体系，可以进行车内监管。什么意思呢？给每个驾驶人发一个像钥匙链一样的东西，就可以监测每个驾驶人在车里的表现，他的车速怎么样，有没有紧急刹车，一系列的行为都会记录在内。过了三个月之后就可以去分析这个驾驶人到底有没有危险性行为，这样就可以告诉监管机构，让他们格外去注意这些驾驶人的行为。再过三个月，看他到底有没有通过我们实际的考验。对于所有驾驶人和教练员而言，为了确保高质量的标准，我们公司每年也都会去接受相应的审核。

## 三、道路交通安全宣传与教育

**Q1：瑞典是世界上交通管理非常先进的国家，也一直有交通事故零死亡的提议和想法，我想知道作为一个交通参与者，瑞典的公民在对待交通安全，对待驾驶人培训时，有什么样的体验及感受。**

**A1：**在瑞典，大家参与交通时都比较礼让。因此可以保证非常安全的交通环境。我们的一个特色是凡是有行人过马路，所有的车辆都会停下等行人先过。人们之所以在驾驶方面这么守规矩，不仅仅和培训有关，和我们执法严格也有关系。比如，超速 3 ~ 5 公里，罚款的费用是 4000 克朗（瑞典的货币）。另外，瑞典是全球最早引入安全带的国家之一，安全带的使用也是强制的，不管是乘客还是驾驶人，无论是前排还是后排，甚至要有婴儿的座位，如果不遵守这个规矩，乘客要罚款 2000 克朗，驾驶人要罚款 4000 克朗，因为他是一车之长。

对于一些特殊情况下急救车辆的通行，虽然也会遇到堵车的情况，但是出现紧急情况时所有的驾驶人都会从马路的一侧让到另一侧，把通道让出来。

此外，我们的执法人员也非常礼貌，比如超速摄像离他可能还有几百米的距离，就会提示驾驶人小心有超速摄像，这样一来，如果还是被拍到超速，就只能怪自己了。

**Q2：每一个国家的道路交通安全事故，从多发，到高发，到下降，到好转，都要经历一定的阶段。请问英国同行，发达国家道路交通安全事故多发、高发，大约经历了多长时间？下降经历了多长时间？根本好转经历了多长时间？**

**A2：**关于具体的数字，我不是特别的清楚，但是这么多年我一直在进行观察，我可以谈谈自己一些简单的看法。我认为美国在培训，尤其是在高中阶段培训年轻人学习汽车驾驶的做法非常好。在美国，的确有事故高发的时段和高发的地区，比如周末的时候，大家出行比较频繁，这个时候是事故多发期。另外，在一些酒吧的周围，大家会喝酒，所以酒吧周围的路段是事故高发的路段。美国政府采取强有力的措施，减少这些事故多发地和多发时段的事故。另外一点，我发现对于摩托车的使用，美国社会最近出现的问题比较多，这一块目前管理还不是特别严格，有待提高。

下面再分享一下这么多年英国的道路交通安全发展历程。英国政府致力于减少道路交通事故的发生率和死亡人数已经很多年。最近几天，我听到了一些令我比较震惊的数字，每一年中国拿到驾驶证的人数相当于英国人口的总和了。20 世纪 70 年代开始，英国的交通事故还比较多发，这和当时的车辆设计有关。现在英国致力于跟上科技的潮流，并且能够在立法方面做出及时的改变。比如，英国的法律已经要求每一个在车上的人员都必须佩戴安全带了，当然也包括儿童，还有对开车使用手机的严惩等。当司法改变的时候，人们的行为就不得不跟上规范，所以，对违法行为的严惩，有的时候也是必要的。另外，在英国，摄像头的捕捉很常见，主要捕捉那些超速的人。不管这辆车是谁在开，被摄像头捕捉到了，这辆车的车主就会遭到起诉，英国的立法做得还是比较到位的。在我有生之年，我见证了英国因为道路交通事故伤亡的人数不断减少，不仅是在英国，欧洲也是这样。当然，我们还有很长的路要走，而且我相信在减少道路交通事故伤亡人数方面，我们永远都应该努力去做。

关于减少伤亡人员的项目，我们所采取的措施是在一些非常重要的路段减速，比如通过一些学校或者幼儿园，或者在比较重要的路段，我们对车速的要求是 28 ~ 30 公里/小时，有些人会问为什么。设想一下，原来的车速是 50 公里/小时，现在是 25 公里/小时，车速减到一半，但是对于孩子来说，存活率就增加了 80%。我们每天都接触新的知识，这些新的知识使我们不断改变，这是持续的过程。有时候我们听到驾驶人向交警说“拜托了，麻烦您通融一下”，但是交警肯定说的是“请你不要超速”。

## 四、新技术发展对驾驶培训行业的影响

**Q1：驾驶模拟器在各自的国家是否有应用？在驾驶培训教学过程中哪一部分的内容在驾驶模拟器上进行训练比较合适？并不是所有人都适合开车，有没有一种方法去判断这个人的注意力是否合适开车？**

**A1：**马来西亚也引进了模拟器进行驾驶培训，但是很多没有成功。原因是什么？如果能够加快我们学习的进度，那么才能证明模拟器的引进是可行的，遗憾的是，我们并没有因此加快学员学习进度。

我们所有驾驶人，包括新驾驶人，以及职业驾驶员，他们一定要做检测，验血验尿，然后才可以申请驾驶证。至于初学还没有拿到驾驶证的，要在他们的文件上签署确认他们没有癫痫病之类的疾病，还要经过视力测验，然后才可以申请驾驶证。

在美国，对于身体有问题的人的确会有一些限制，如果精神方面、心理方面有一些疾病，或者对驾驶有影响的生理疾病，都不会允许他去考驾驶证。对于年

龄超过65周岁的公民，一般也不允许他们开车，但是65周岁的驾驶人每年必须进行体检，合格后才能继续驾驶。总体而言，美国限制并不是特别多，比较鼓励大家都能去考驾驶证。

另外，模拟器在美国的驾驶培训系统中并没有发挥特别大的作用，仍然处在早期试用的阶段。刚才我提到了，美国的大部分的驾驶培训都是在高中完成的，对于很多高中来说并没有模拟器这样的设备。

英国的情况跟美国比较相似。

**Q2：新能源汽车对驾驶培训行业发展有何影响？**

**A2：**力帆新能源对驾驶培训行业进行了深度研究。提出了“3+2”的驾驶培训体系，3是三辆智能培训车型，2是提供两个服务平台。新能源的教练车和考试车具有三高的特点，高稳定、高集成和高仿真，它的驾驶体验和现行汽油车的驾驶体验是相同的。纯电动车增设了一个陪驾的分时租赁的模式，现在看到的第三个车型是力帆已经运营了两年的分时租赁车型，学员通过考试后可以网上预约驾驶培训来提升驾驶的熟练度，减少事故的发生。

这三款车型，体现了成本、智能和数据等特点。从成本上分析，新能源车的运营成本相当于汽油车的三分之一，维护成本相当于汽油车的八分之一。两个平台是新能源服务平台和智能学车平台，从把每个学员的每一个动作进行量化和分析，到每一个教练员的教学步骤回放，做到信息反馈，达到教学精细化，过程可视化，管理数据化和招生平台化的目标。可以为驾驶培训行业开源节流，收益会提升50%，成本降60%，达到绿色出行，安全出行的目的。总之，以新能源汽车为核心，辅以智能教学和市场相匹配的原则，可以达到驾驶培训行业系统化、网络化和平台化的整体运营目标。

**Q3：无论是对驾培行业还是监管行业，保险公司或者是金融机构，如何支撑提升驾驶培训行业水平？对中国的保险推进整个驾驶培训行业发展怎么看？**

**A3：**保险要树立起自己的主体责任、企业责任，纳入到交通事故处理中。中国的交通事故原来是按照车去赔，现在据我所了解，有些企业跟保险公司在联合推动保费的一些调整，原来国内的保险制度保费可能跟车型、车价、使用里程挂钩，目前也是在积极推动根据驾驶人的行为进行匹配，例如驾驶人的一些违法行为。一些科技公司正在尝试通过采集驾驶人一年或者一个周期的驾驶行为数据，比如通过在这个周期内急刹车次数达到多少来判断驾驶人的行为，目前国内还没有普及，但有一些保险公司在做这方面的工作。

此外，保险对驾驶行业所起的促进作用，目前国内做得比较显著的是教育方面。

整个欧洲机动车保险费都很贵，对于欧洲的保险公司来说他们做的事情是大量搜集数据，这些数据可能来自于以往的事故。通过搜集数据来判断驾驶人在什么情况有多少次紧急刹车，这一系列的数据帮助他们去识别到底哪些人群是高危人群。整体来说，18～22岁以及56岁以上的驾驶人都属于高危人群。我们现在所做的事情，是通过科技研究把一个像飞机一样的黑匣子装入汽车当中，它能记录驾驶人所有的驾驶行为，主要针对新驾驶人和年轻驾驶人，告诉这些新驾驶人和年轻驾驶人他们哪些驾驶行为和驾驶习惯需要改变。对于英国驾驶人来说保费是不小的开支，大概一年七八千英镑。

所以，大部分年轻人所做的一件事情是给自己的汽车装上类似黑匣子的行车记录仪，让保险公司能够观察到他们的驾驶行为和驾驶习惯。保险公司通过观察之后，可能会分析得出一个结论，认为这个年轻人是比较靠谱的年轻人，从而比较合理地减少和调整他的保费。有的时候保费会减少到每年1000英镑，这虽然还是不少，但对于年轻人来说他们能够开得起车了。这也是为什么今天在论坛上谈到将科技引入我们的驾驶培训的原因。

在英国，我们比较多地使用黑匣子，它能够提示我们必须要限速。比如针对一个单独的用户，如果超速几次之后这个黑匣子就显示红色，并且保费会从每年1000英镑升至7000英镑。年轻人的夜生活比较丰富，可能经常去泡酒吧，这也是事故比较多发的原因，这个黑匣子可以记录这个年轻人什么时候使用车辆。例如一个年轻人经常在夜晚使用车辆，可能他的保费会被增加。

第一分论坛现场

第二分论坛现场

## 第五章

# 征 文 选 编

Chapter 5

Selected Essay

为了配合本届论坛的召开，论坛组委会在全国驾驶培训行业开展了征文活动，共选编了8篇论文收入本汇编，以供参考。（注：论文按作者姓氏笔画排序）

——编者

# 第一节 从云南旅游的刮骨疗伤谈提高驾驶培训质量

丁锦明 李超

永康市先行汽车驾驶员培训有限公司

永康市驾驶员理论培训中心

【摘 要】本文通过对驾驶培训行业的自我剖析，提出驾驶培训质量发展优先战略——“质量立市”，即倡导产业升级，培养优秀驾驶文化，向互联网、大数据借脑、向智能化借力，通过驾校联合、整合和品牌建设，形成以质量为核心的发展方针，引领行业健康有序发展。

【关键词】质量立市；理论创新；智能化；整合；驾驶文化

## 引言

2017年4月，云南发布了一系列“史上最严”的旅游整治措施，对旅行社经营、旅游购物管理、旅游合同规范化等多方面重拳出击。如此大规模、全行业“刮骨疗伤”式的整治，引发了全社会的高度关注，也引起我们对驾驶培训行业的反思。

## 一、从云南旅游的“刮骨疗伤”看驾驶培训行业的危机

云南省有得天独厚的旅游资源，然而，年初爆出的丽江伤人丑闻，在互联网等多种媒体的传播下，发酵成为全国性事件，让云南旅游成了全国的社会热点和负面典型。“冰冻三尺非一日之寒”，多年来云南旅游投诉量一直居高不下，截至2017年2月，涉及云南的旅游投诉占全国总量的34.8%，居全国第一。严峻的形势逼迫云南痛定思痛，最终出台了一系列“史上最严”的“刮骨疗伤”式的整治措施，以伤筋动骨的代价，拯救深陷泥淖的旅游业。

对于云南旅游事件，我们驾驶培训人除了对事件本身的思考以外，还应反省吾身：驾驶培训行业是否有类似的风险？为了回答这个问题，我们对比一下云南旅游市场与我们驾驶培训市场，发现存在几大惊人的相似之处（表1）。

云南旅游业与驾驶培训市场的比较分析　　表 1

| 属性 | 云南旅游市场 | 驾驶培训市场 | 相似之处 |
|---|---|---|---|
| 营销方式 | “零负团费” | “低价招生” | 低价竞争、虚假宣传 |
| 经营行为 | 旅游的“购物陷阱” | “学时造假” | 价格欺诈“潜规则” |
|  | “花钱买罪受”、难以体验旅游之乐趣 | “应试教育”学员“自主选择”难落实 | 理念落后、消费体验差 |
| 从业人员 | 导游成了导购 | 教练员“吃拿卡要” | 粗放管理、自律意识差 |
| 盈利模式 | 过度依赖门票收入 | 严重依赖于学员数量 | 不能有效满足多元化、高端化的消费需求 |

“知屋漏者在宇下”，云南如今的危机实际上为我们驾驶培训行业敲响了警钟，如不加以改进，驾驶培训市场有可能走上云南旅游业的老路。对此，驾驶培训该何去何从？是观望等待，还是激流勇进？毫无疑问，驾驶培训行业应进行自我革命，转变发展理念，建立质量发展优先战略，也就是“质量立市”，向社会提供符合未来汽车社会需求、具有一定的汽车文化和较高汽车文明的合格驾驶人。

## 二、驾驶培训如何推行质量立市

### （一）调整产业结构

《2017 中国驾驶培训行业发展蓝皮书》认为产能过剩是驾驶培训行业面临的新常态。截至 2017 年一季度，全国驾驶培训机构接近 1.7 万家，教练员近 90 万人，教练车超过 70 万辆，年培训能力接近 5000 万人，但实际培训人数约 3000 万人次，市场供给远大于需求（图 1）。

要“质量立市”，首先要产业升级，对驾驶培训行业发展做出合理的规划，避免驾驶培训市场持续无序竞争。

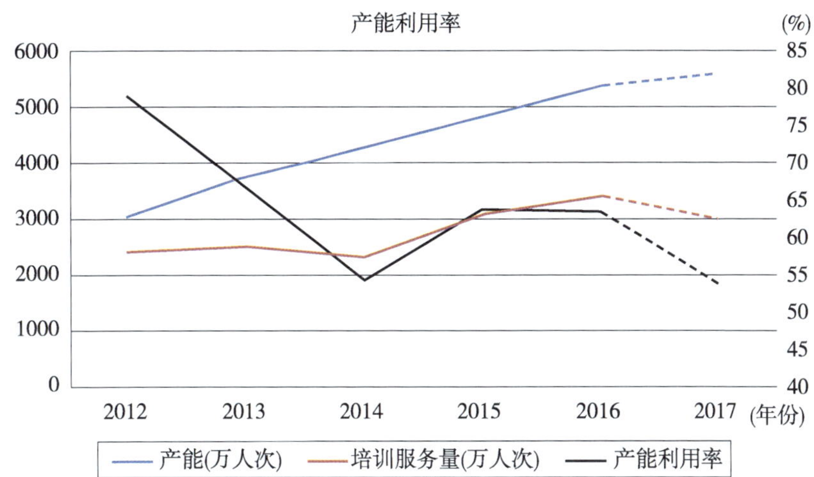


图 1　2012~2017 年教练车产能利用率

数据来源：中国道路运输协会汽车驾驶员工作委员会相关数据（估算）

注：2012 年教练车产能约每年 3000 万人次，产能利用率超过 80%，处于比较健康的运行状态。然而，随着市场惯性，车辆仍然缓慢增加，导致产能利用率连续下滑，2016 年产能利用率已经下降至 63% 左右，预计 2017 年产能利用率将在 50% 左右。

1. 摈弃粗放经营，增强行业自律。

驾驶培训行业粗放经营、无序竞争自酿的“苦果”，是一个社会、驾校、学员“全输”的悲剧，正是“累死自己、饿死同行、坑死学员”，全盘皆输。如果这样的局面任其发展，驾驶培训“质量立市”就无从谈起。缺乏调控的“完全竞争”是要不得的，合理的产业规划和调控是维持行业运行的必要手段，同时驾驶培训机构应转变观念，加强自律，注重质量。

2. 走集约化、品牌化经营之路。

驾驶培训行业集约化、品牌化程度低是驾驶培训质量立市的短板，各自为政是驾驶培训机构自相残杀、难以做强做大的重要因素。整合传统驾校，形成集团化、集约化、品牌化的驾驶培训机构，将是驾驶培训未来发展的必然趋势，是驾驶培训质量立市的必由之路。互联网时代信息传播和交互的进步，也为实现这样的整合发展所需要的紧密联系和时间空间上拓展延伸提供了可能。希望不久的将来，通过整合资源，像“南北车整合”“钢铁去产能”一样，我们驾驶培训行业也涌现类似“医联体”的“驾联体”，出现“航空母舰”驾校，会有更多的企业家型驾校校长，扛起中国驾驶培训品牌的大旗。部分“敢为天下先”的驾校已经开始了探索，让我们为他们加油。

## （二）培育优秀驾驶文化

1. 什么是驾驶文化。

时至今日，汽车早已不仅仅是代步工具，岁月的沉淀赋予了驾驶更为深远的社会意义——驾驶文化。驾驶文化是所有驾驶群体的灵魂，是体现在每一位驾驶人身上自然的驾驶习惯。

首届“机动车驾驶人培训与道路交通安全国际论坛”嘉宾苏华龙先生说：“在驾驶文化好的环境开车是一种享受；反之在驾驶文化不好的地方开车，抢行、加塞的现象让人精神高度紧张，完全没有驾驶乐趣可言，也很容易爆发路怒症。”

由此可见，培育优秀驾驶文化是推行驾驶培训质量立市的至高境界。但驾驶文化在我国尚处雏形阶段，明显落后于发达国家。承认差距是为了更好地学习，鼓励我们勇往直前，奋起直追。

2. 如何建立驾驶文化。

首先，发掘中国文化精髓，古为今用。中国自古就是礼仪之邦，“礼”乃中华传统文明的精髓。“礼”体现了尊重，在交通领域表现为人与人、人与车、人与法的尊重。它与中华文化的礼仪一脉相承，根植于中国人民内心深处。

其次，重视已有的驾驶文化研究成果。各地驾校、教练员和驾驶人在工作实践中积累的经验、技术和方法，特别适合中国“土壤”，往往具有强大的生命力，是我们建立驾驶文化的宝贵财富。比如“二次开门法”与“荷式开门法”有异曲同工之妙，但是国外的“荷式开门法”在中国被疯传，“二次开门法”却鲜为人知。所以，需要大力弘扬自己的优秀驾驶文化，增强文化自信。

另外，吸收世界各国优秀驾驶文化，主动加强与各国驾驶培训机构的交流，博采众长，为我所用。道路运输、交通管理部门和驾驶培训机构举办“机动车驾驶培训与道路交通安全国际论坛”就是非常好的学习交流平台。我们还可以通过联合办学，合资、技术、品牌合作等形式，消化吸收先进文化、先进技术，加快驾驶文化和驾驶培训质量建设。

3. 借力互联网、大数据。

(1) 解决学驾的信息不对称问题。

作为消费者的学员，在驾校和教练员信息不透明的情况下，往往选择“低价学车”，这是驾驶培训低价竞争的“土壤”。所以，通过互联网平台、大数据从技术上解决信息不对称、不透明问题，帮助学车人明白消费、回归理性选择，让优秀的驾校、教练员脱颖而出，实现良性竞争格局。

(2) 发现潜在客户，实现精准消费。

“用户要的不是钻头，而是钻孔”，发现真实需求是互联网大数据应用的一大优势。驾校通过互联网、大数据分析，能够精准定位消费者个性需求、发现潜在的需求。所以驾校应该创新思维，向互联网借力，向大数据借脑。

(3) 增强学员学车体验。

智能技术日新月异，已经渗透到各行各业。对于向智能化借力，有实力和远见的驾校或者互联网企业已经捷足先登。智能学车仿真技术已经在部分驾校推广应用，反响良好，比如“汽车行驶轨迹实时播放装置”有效提升了学车的体验，实现了心理与行为的绝妙衔接。可以预见，智能技术的应用必将带来驾驶培训的一场新技术革命，是驾驶培训质量立市建设的助推器。

## 结语

正如同“治未病”是医疗的最高境界，驾驶培训行业应未雨绸　，以产业升级为先导，以优秀驾驶培训文化为中心，以互联网技术为依托，三管齐下推行“质量立市”建设，改善现阶段存在的诸多问题。相信不远的未来，驾驶培训行业将迎来绿色的春天，焕发新的生机，造福国家，泽被万民。

## 参考文献

[1] 趣学车安全驾驶研究院，中国交通运输协会驾校联合会 .2017 中国驾培行业发展蓝皮书 [R].2017.

[2] 南新华 . 学车不能唯低价是举，经营不能为价格战是举 [EB/OL]. (2017-04-20) .

[3] 李玲 . 我们的土壤生产不出高端产品 [EB/OL].(2015-12-01)[2017-06-01]. http://finance.sina.com.cn/hy/20151201/104923898552.shtml.

[4] 苏华龙 . 中国香港：基础驾驶培训对驾驶文化的影响 [J]. 汽车与安全，2016 (6)：75-76.

[5] 刘俊利 . 驾驶培训的创新究竟在哪？ [EB/OL].(2017-04-26) [2017-06-03]. http://www.sohu.com/a/136497754_347033.

# 第二节　如何打造驾校质量信誉品牌

王传伦　河北省机动车驾驶员培训行业协会会长

**【摘　要】**面对量价双降、市场低迷的困局，许多驾校急功近利，以低价、低质竞争谋求生存之道。本文以河北利安驾训集团为例，分析其坚定不移地走质量兴驾之路，用工匠精神铸就驾驶培训“金字塔”的过程，剖析了利安品牌“秘诀”，论证质量是品牌之基、诚信是品牌之魂、创新是品牌飞扬之帆。引导驾校从低价扩招的动力机制，过渡到优质优价的市场机制，勇于责任担当，坚守优质发展的战略定力，自信自强，披荆斩棘，行稳致远，走出一条质量效益型发展道路。

**【关键词】**质量；信用；创新

当前，全国驾驶培训市场低迷，“僧多粥少”，大部分驾校招生难，“闹饥荒”，而利安不但吃得饱，而且吃得好，令许多同行困惑不解。有人质疑利安走捷径、“吃偏饭”，更多的省内外驾校陆续来利安取经，寻找“秘诀”。培训考试主管部门也多次到利安明察暗访。访查的结果令人惊奇：利安一枝独秀，不靠天、不靠地，靠的是用匠心打造品牌，以品质成就品牌。其“秘诀”主要有三。

## 一、夯实品牌质量之基

培训质量是安全驾驶的生命线，质量品牌是最核心的竞争力。面对学时造假成风、价格战烽烟四起，利安始终坚持足时培训不造假、规范管理不挂靠、严格考试不作弊，收费虽比其他驾校高出1000多元，但在学员心中“物有所值”。

把工匠精神贯穿于培训全过程，精雕细琢，精益求精，把安全意识植入每一个细节。学员上车不系安全带打不着火，双脚离板即报警，培养学员养成反手开车门观察后方来车的下车习惯，倒车蠕动练习，模拟湿滑路面驾车体验等，把质量安全理念渗透到驾驶培训的各个环节，逐渐成为全体教练员和学员的本能意识和行为习惯。

正因为有了质量保证，从利安走出去的驾驶人，无论是小车还是大型客货车辆、晴天还是雨雾冰雪气候、平路还是山路，都能做到安全驾驶，三年内交通肇事率为零，未发生一起伤亡事故。

## 二、实施信用驾驶培训

### （一）言出必行

作为中国创建信用驾驶培训的主要发起人，马宏代表利安向全社会做出庄严承诺：吃拿卡要，有一赔十；违反合同，退还学费；服务差评，道歉赔偿；虚假宣传，受罚曝光。

利安训练场、考试场醒目位置立牌悬赏：教练员吃拿卡要，有证据举报者奖励一万元。开始人们以为在作秀。有一名学员用手机拍摄了给教练员递烟点火的小视频，实名举报。驾校当即兑现1万元奖金，将违规教练员除名。言出必信，信出必行。

### （二）廉洁治校

从“砸车记”警钟长鸣，到每年拿出100万元重金奖励举报；从典型曝光到立规明矩，执纪必严，寸步不让，绝不护短遮丑，没有“情有可原”。严而生畏，既是约束，也是保护。系紧“风纪扣”，常念“紧箍咒”。利安在不断推进的校风校纪建设中，锻造了员工的道德修养，拧紧了规范教学行为的“总开关”。

### （三）恪守信用

面对驾校培训学时信息造假，利安理直气壮地保证：足额完成大纲规定培训学时，百分之百都是真的！今年夏天，利安驾校有几台车一天训练13个小时，监控平台疑似作假。主管部门询问：是不是伪造学时信息？董事长马宏回答：如果真有此事，请你们吊销经营许可！经调查核实，原来是两台车配3个教练员，歇人不停车。利安冀通驾校一名教练员私自篡改学时信息，驾校及时发现，主动报警立案调查，罚款1万元，开除出校。重罚一个，警醒一片。面对社会化考场屡屡发生考试舞弊的乱象，利安考场每年花480万元巨资，聘请保安公司出任安全员。双方严格约定，发生一起考试作弊，扣除当月40万元保安费，根除了安全员诱导作假的弊端。

### （四）坚守底线

风正于上，养成于下。在利安，从集团领导到各校校长，以上率下，以知促行，以教化人，小中见大。让每一位员工切实感受讲诚信不吃亏，守合同不吃亏，重信用不吃亏，对企业诚信品牌常怀珍爱之心，常思发展之道，常做诚信之事。利安科目二考场曾发生一次教练员暗中引导考试行为，不少老职工看不惯，主动向校长反映。校长立即层层问责，从直接责任人一直追究到各级领导。他严肃地说，弄虚作假触犯了利安的道德底线，绝不能姑息迁就！马宏强调的“道德底线”，实质上就是利安品质的“红线”，就是安全源头的防线。

正是因为有这条不可逾越的“道德底线”，有全体员工的长期坚守，利安才有底气在全国率先倡导信用驾驶培训。

### （五）“利人者己安”“信用无敌”

在全国信用驾驶培训倡导大会、在驾驶培训国际论坛、在山东和湖南新大纲宣贯会上、在全国品牌驾校研修班上，都能听到利安的声音。一粒粒信用的种子生根发芽，一批批志同道合的驾驶培训人履约信用驾驶培训，点亮了全行业信用之光。

## 三、开拓创新

### （一）智能培训，提质增效

经实践检验，智能机器人教练比人工教练员培训学时更加真实，安全更加可靠。利安应用智能机器人教学，实现了培训标准化、规范化、系统化，培训质量和效率大幅提高。比人工教学考试合格率高出10%，降低培训成本60%以上，从根本上破除了业内普遍存在的教练员吃拿卡要、态度蛮横的顽疾。

目前，智能机器人教练已经走进许多驾校，正在引发一场智能驾驶培训的重大变革。

### （二）围绕学员需求，针对市场“痛点”，开展全面创新

利安在全国首创“山地立体式训练场”，突破了土地制约的瓶颈；创造“品绩管理”模式，绩由事考，人由绩论，有功者赏，有能者上，人尽其才，岗尽其责；创造“标准化作业”“全链条协同”流程；运用大数据构建智能服务平台，缩短培训考试周期，45～60天出证率高达60%；创新个性化定制服务模式，为每个学员推送不同的培训页面，创造新供给，引导新需求；采取新的营销模式，创下一天招生3000多人的历史新高。

## 结语

有梦的企业天天在成长，成长的企业天天都有梦。有理想的梦想走得更稳健，有梦想的理想飞得更高远。一年来，利安逆势飞扬，牵动全行业目光，工匠精神，创新思维刷新企业风尚、优良作风，优秀文化丰润员工心灵，改革勇气引领升级发展，一身正气弘扬诚信之光。新的制度改革正在启航，新的发展动能正在积蓄，新的商业模式正在兴起。

# 第三节　道路交通安全，我们拿什么保障你

闫文辉　东方时尚驾驶学校股份有限公司总经理

【摘　要】本文分析了我国道路交通安全的形势和驾驶培训行业面临的挑战，阐述了驾驶培训向素质教育转变的必要性，对提升驾驶培训的质量进行了思考，并提出了从监管到统一质量标准的一些解决办法。

【关键词】社会责任；素质教育；质量定义；培训规范；考核标准

提起我国的道路交通发展，人们总会惊叹于它快速增长的数字。据公安部发布的资料可知：“当前，我国驾驶人数量已达到3.64亿，每3个成年人中就有1名是驾驶人，其中26～50岁的驾驶人占总数的75%。”在这些数字的背后则是汽车社会快速发展所带来的人、车、路、环境之间不可回避的矛盾。常见于网端和媒体的交通事故的惨烈新闻不断拷问着机动车驾驶人，也拷问着我们驾驶培训行业的管理者和监管者。

## 一、肩负起生命之托

人的生命是世间最宝贵的，正是一个个鲜活的生命组成了丰富多彩的世界。当成千上万的车辆在道路上行驶的时候，生命显得如此生动；在滚滚车轮面前，生命又显得如此脆弱。驾驶人的每一次不慎都可能使生命在车轮下惨遭戕害，给亲人，给家庭，给社会带来难以弥补的伤痛。面对这些伤痛，我们深切感到，驾驶培训是一项事关每个交通参与者生命福祉的神圣事业。

驾驶培训是构筑交通安全的第一道防线，在这一阶段，教练员传授学员的安全意识、驾驶技能以及文明习惯，都会在学员将来驾驶过程中产生深远的影响。如何使学员养成良好的驾驶习惯，从根本上减少道路交通事故的发生，缓解交通拥堵，营造良好的交通环境，是驾驶培训行业不可推卸的责任。

未来十年，新增驾驶人仍将以每年2000万人的速度增长。不断攀升的数字除了说明中国经济社会的不断发展进步，也将我国快速进入汽车社会与驾驶文明发展滞后的矛盾凸显出来。驾驶人守法意识和安全驾驶意识的培养，是我国道路交通环境建设的

一个不可缺失的重要环节。从这个意义上讲，驾驶培训行业是以社会责任占主导的培训机构，不能简单地将其看作纯商业的营利机构。保障道路交通安全，人命关天，驾驶培训行业肩负着千百万人的生命之托！

## 二、由驾考改革引起的思考

驾驶人培训考试需求迅猛增长，给管理理念、经营模式、监管机制带来了新的挑战。2015 年底以来，公安部会同交通运输部围绕简政放权、创新监管、提升服务，全面推进驾考改革。

面对这次改革，作为驾驶培训行业的从业者，我们首先要问，为什么要进行驾考改革？如果驾驶培训能做到位，让学员、老百姓和政府管理部门都满意，那还需要改革吗？不可否认，社会化驾驶培训发展到今天，仍然存在学员不满意、管理机构不满意、从业人员不满意的问题，正因为如此，才需要改革。

机动车驾驶资格考试不同于其他资格类考试，是一项由公安机关进行的行政执法工作。不同于其他培训行业，驾校的培训水平直接关系到人们的生命财产安全，关乎道路交通的文明发展。在我国，人们主要是在考取机动车驾驶证的时候，接受全面、系统的交通安全知识教育，驾校培训已成为驾驶人学习交通安全知识的重要渠道。驾驶培训的质量与水平，对于构建全民交通安全意识举足轻重。

由于学驾需求巨大，发展规模快速增长，导致行业监管相对滞后，各省市驾校在教学质量、效果上参差不齐，差距较大，加之有的地方政府对驾驶培训行业的重视程度不够，在某种程度上使驾驶培训行业管理处于边缘化境地。还有一些驾驶培训机构经营者由于对驾驶培训与道路交通安全的关联性、重要性认识不足，一味追求经济效益，忽视自觉承担社会责任，驾驶培训停留在应试教育阶段，单纯地应付考试使教学计划流于形式，轻视交通法规教育。驾驶培训不只是教会开车，教会开车非常简单，一个不会开车的人有几天的时间就能把车开走。关键问题是，怎么在学员学车的过程中，培养安全理念、安全意识、文明意识和守法意识。试想一下，如果你没有接触过法规培训，最起码是不懂法的。不懂法的人去参与交通，怎么能够做到守法？更不用提安全驾驶、文明驾驶了。上述这些情形严重影响了我国驾驶培训的整体质量，致使一些培训不合格的新驾驶人，带病上路，破坏了道路交通环境的和谐和安全，使一些优秀驾驶培训机构所做出的努力事倍功半，回天无力。这种现象不能不引起我们的高度重视。

## 三、对驾驶培训质量的思考

汽车作为一种交通工具越来越多地进入普通百姓家庭，掌握驾驶技能不再是一种谋生手段，而是已经成为一种生活技能，如何提高驾驶培训质量是目前驾驶培训机构面临的首要问题。那什么是驾驶培训的质量呢？

美国质量管理专家克劳斯比从生产者的角度出发，把质量概括为“产品符合规定要求的程度”；美国的质量管理大师德鲁克认为“质量就是满足需要”；全面质量控制的创始人菲根堡姆认为“产品或服务质量是指营销、设计、制造、维修中各种特性的综合体”。

由此看来，质量的定义至少有两个方面的含义，即“使用要求”和“满足程度”。所不同的是，驾驶培训作为与道路交通安全密切联系的特殊行业，它的质量标的是“人”不是“物”。从“使用要求”和“满足程度”来看，如果我们把学员作为我们的客户，那么我们的培训必须达到“使用要求”和“满足程度”的标准。“使用要求”是我们培养的驾驶人的素质必须达到道路交通安全的要求，体现在学员的守法意识与文明素质的养成；“满足程度”是满足学员“安全驾驶”需求的程度，体现在学员安全驾驶的能力上。

就本质来说，驾驶培训质量的定义应该是：以规范、周到的服务，满足学员对成为一名符合道路交通安全法律要求的合格的驾驶人的需求。因此，根据培训大纲制定培训标准和服务规范，是提高驾驶培训质量的必要前提。恰恰在这方面我们还有待提高，存在着一些不可忽视的问题。

教练员是对学员进行教育的一线力量，教练员的素质高低在一定程度上决定了培训水平的高低，教练员具备良好的素质是提高驾驶培训质量的重要保证。驾驶培训机构不仅要建立严格的教练员准入制度，而且更应该重视教练员继续教育培训制度和诚信考核制度，通过强化教练员的理论学习，提高业务能力和素质修养。

驾驶培训机构应该在严格执行教学大纲的基础上做到“六统一”，既统一教学计划、统一教学课件、统一教学秩序、统一教学方法、统一示范动作、统一操作要求，防止一个驾校一个样，一个师傅一个令，各行其是。

## 四、改革从向素质教育转变开始

要提高驾驶培训质量，就要从应试教育向素质教育转变，这对于提高驾驶培训行业培训水平和培训质量至关重要，改革应该从这里开始。

我们要树立“素质培训”的信念，让学员在掌握扎实驾驶技能的同时，重视守法观念和安全文明行车意识的养成。只有把意识的培养做到位，学员才能全面掌握机动车驾驶这项基本生活技能。驾驶培训机构要树立社会责任感，积极参与多种形式的交通安全宣教活动，“以点带面”，引起全社会的广泛关注，促进驾驶培训素质教育工程建设。

全国1.5万所驾校，100万辆教练车，8000万学员，如果监管不到位，培训质量上不去，那么每年两三千万新驾驶人就是道路交通安全的巨大隐患。因此，需要加强对驾驶培训的监管力度监管要亮剑！交通管理部门是控制和提高驾驶培训质量的最后保障，加强监管制度建设，是提高驾驶培训质量的重要手段。把驾驶培训质量纳入监管范围，制定行之有效的考核标准和考核办法，在培训资质上严格审核，坚决剔除不合格的培训机构。严格的培训规范是提高培训质量的保障，为了使驾驶培训机构严格执行《机动车驾驶培训教学与考试大纲》，交通管理部门应制定严格的实施规范和考核措施，统一标准，不允许为了降低费用而缩减培训课时。政府管理部门应继续加强在法律法规和管理模式层面上的引导，将遵章守法、安全文明参与交通的教育尽早纳入义务教育甚至高等教育的体系中去，做到“以小带大”，让儿童和青少年群体带动家庭和更多的交通参与者。

通过全行业的共同努力，“以新带老”，让经受了素质教育洗礼的新驾驶人影响身边的“老司机”，和他们一起树立起对生命和法规的敬畏之心，摒弃交通陋习。让每年新增的2000万驾驶人群体都能成为文明交通的践行者和宣传员，逐步带动中国3亿驾驶人的文明交通进程，形成社会各层面共同关注交通安全、注重驾驶素质培养的氛围。

当我们把提升中国驾驶培训行业的整体品质作为社会赋予我们的责任时，我们传授给学员的就不仅仅是驾驶技术，更是遵守交通法规、安全驾驶、文明意识，由此培养出高素质的合格驾驶人，使道路交通安全得到改善和保障，在神州大地建立起和谐的文明交通环境。

# 第四节　我国汽车驾驶培训教练员培训现状及其对策研究

孟兴凯　交通运输部公路科学研究院

【摘　要】本文综述了我国汽车驾驶教练员培训的发展历程，对当前我国教练员培训现状进行深入剖析和探讨，分析了我国教练员培训存在的岗前培训及其内容缺失、继续教育流于形式及其培训内容需要细化和驾驶培训机构未严格组织、管理和监督教练员培训等问题，进一步探讨了德国教练员的培训体系和培训内容，基于此提出要优化教练员培训管理体系、完善教练员岗前培训和继续教育的培训内容、制定教练员从业标准、构建教练员职业教育与非职业教育的培训模式以及强化教练员授课能力、规范化教学和服务的对策措施。

【关键词】交通安全；驾驶培训；教练员；培训现状；对策

## 引言

驾驶培训是保障道路交通安全的第一道防线，是培养驾驶技能好、安全意识强和文明行车理念牢固驾驶员的主要途径。作为驾驶培训的核心人员，教练员是学员学习道路交通安全知识和驾驶技能的启蒙老师，是学员驾驶技能的传授者、安全意识的塑造者和文明行车理念的强化者，在驾驶培训过程中发挥着至关重要的作用。教练员教学能力、驾驶技能以及综合素质的高低，直接决定了其能否培养出安全文明合格的驾驶员，直接影响我国道路交通安全水平。国外发达国家十分重视教练员的培养，建立了比较完善的教练员素质培训体系。我国经历多年的实践探索，初步形成了以非职业教育为核心的教练员培训体系，但由于培训体系还不健全，在一定程度上制约了我国教练员整体素质的提升。

## 一、当前我国教练员培训现状评析

### （一）当前我国教练员培训管理体系现状

伴随着我国汽车工业从无到有、迅速繁荣的两个发展阶段，我国教练员培训经历了以下两个阶段：

1. 教练员起步发展阶段。20 世纪 80 年代以前，我国机动车数量较少，驾驶员需求小，且多为职业的驾驶员。驾驶员培训采取以师傅带徒弟的形式，由专业的技工学校和运输企业联合培养。技工学校教师和运输企业有经验的驾驶员充当教练员。技工学校教师经过专业培训，具有较为丰富的理论知识和实践经验；而运输企业有经验的驾驶员，其驾驶经验丰富、驾驶技术较好，但专业知识相对缺乏。

2. 社会培养阶段。20 世纪 80 年代以后，随着我国改革开放政策的实施，经济取得了重大发展，机动车数量逐步增加，驾驶员需求相应增加，驾驶员的培训需求也逐渐增大，社会出现了专业的机动车驾驶员培训机构（以下简称驾驶培训机构），专职的教练员由此出现，主要负责教授学员理论知识和驾驶技能。自 80 年代以来，教练员的培养主要以社会培养为主，近年来，也有部分驾驶培训机构采用与相关职业院校联合培养教练员的职业教育人才培养模式。1989 年公安部颁布实施的《机动车驾驶员培训学校（班）管理办法》明确教练员实行教练员证资格管理，此后尽管教练员的管理职能部门发生变化，但教练员证资格管理制度得以延续，即准备从事教练员工作的人员，经过第三方培训机构的短期培训后，即可报名参加行业管理部门组织的从业资格考试，考试通过后发放教练员证，持有教练员证的人员便可从事相应的驾驶教学。

2016 年 2 月，《国务院关于第二批取消 152 项中央指定地方实施行政审批事项的决定》（国发〔2016〕9 号）文件明确，取消教练员从业资格证认定。《机动车驾驶员培训管理规定》《道路运输从业人员管理规定》等行业管理规章进行了相应的调整，取消了教练员从业资格考试的相关规定。

目前，我国教练员培训和管理的主体均为驾驶培训机构，驾驶培训机构自主聘用、管理、辞退教练员。即驾驶培训机构根据行业管理的相关规定和自身的业务特点设定教练员的岗位条件，符合条件的，驾驶培训机构对其实施必要的岗前培训，经考核合格后，聘用其为教练员，从事驾驶培训的理论或实操教学；驾驶培训机构对聘用的教练员进行监督管理、教学评议等；每年对教练员进行为期一周的脱岗继续教育。此外，道路运输管理机构对教练员进行教学质量信誉考核制度，考核教练员的教学业绩、教学质量排行、继续教育等情况；同时学员参加培训过程中可对教练员的教学行为和服务情况进行监督（图 1）。

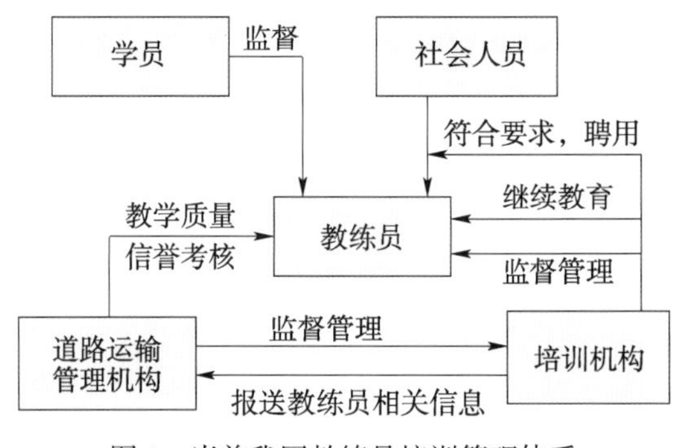


图 1　当前我国教练员培训管理体系

### （二）我国教练员培训存在的问题

1. 岗前教育不规范。

当前，我国还没有针对教练员岗前教育和培训的法律法规和规章，岗前教育和培训的管理及其培训内容一直处于真空状态。目前，一些驾驶培训机构为了节约运营成本，在聘用教练员时，未对教练员开展任何的岗前培训和教育，或者岗前培训内容多为企业制度的宣讲，致使教练员缺乏必要的教学能力、理论与实操相结合讲解的能力、专业驾驶知识和良好的服务意识，进而影响教学培训质量与服务质量，降低了学员满意率。

2. 继续教育流于形式。

《机动车驾驶员培训管理规定》明确了驾驶培训机构要加强教练员的职业道德、驾驶新知识和新技术的再教育，每年对教练员进行至少为期一周的脱岗培训，赋予了驾驶培训机构对教练员实施继续教育的职责。而目前大多数驾驶培训机构对教练员的继续教育也只是上几天课，讲授时不注重教练员职业素质、教学能力、规范服务和文明施教等内容的培训，且聘用授课的部分教师往往由于专业能力、知识涵盖面等原因，影响了教练员继续教育的效果；此外，驾驶培训机构为了降低教育成本，聘用的师资力量薄弱、缩减教练员继续教育时间。这些问题的存在致使教练员的继续教育流于形式，对教练员职业道德的提升、专业知识的完善以及教学能力的提高作用效果不明显。

3. 继续教育内容有待进一步明确细化。

尽管法规明确规定驾驶培训机构要每年对教练员进行为期一周的关于职业道德、驾驶新知识和新技术等内容的脱岗培训，却没有细化的教练员继续教育培训内容相关的配套文件，驾驶培训机构在开展教练员继续教育时，由于缺乏宏观的教练员继续教育培训教学大纲作为指导，致使驾驶培训机构难以掌握教练员继续教育的方向和培训内容的重点、难点。

4. 驾驶培训机构未严格组织、管理和监督教练员培训。

在当前国家取消了教练员的从业资格认定后，驾驶培训机构是教练员培训和管理的主体。但目前对教练员的培训，驾驶培训机构未严格组织、管理和监督教练员的培训，主体责任还需进一步有效落实。在对教练员培训时，驾驶培训机构往往从经济利益的角度出发，聘用授课费用较低的授课老师；在有教学任务时，往往安排正在参加培训的教练员进行教学；同时不重视教练员参加培训时的监督、记录与考核，许多教练员未真正参加培训，或是签到后直接早退，无法发挥督促教练员培训的作用。

5. 管理部门和学员对教练员培训的监督薄弱。

行业管理部门和学员在教练员的培训体系中担当监督者的角色，行业管理部门监督驾驶培训机构是否有效落实教练员相关培训，学员可以监督教练员教学行为、服务意识和文明施教的具体情况，间接给驾驶培训机构反映教练员需加强哪些方面的培训和教育。目前，行业管理部门对教练员的继续教育、岗前培训情况监管薄弱；学员也因胆小怕事、维权意识不足等原因对教练员教学行为、服务意识和文明施教的情况监督不足。

## 二、德国教练员培训体系及内容情况

德国是全世界道路交通安全形势最好的国家之一，2014 年德国因道路交通事故死亡的人数仅为 3377 人。良好的道路交通安全形势很大一部分原因是德国实行严格的教练员培养制度，教练员整体队伍素质高，从而培养出具有较高安全意识和文明行车理念的驾驶员。

德国的教练员培养采用“教练员培训中心＋驾驶培训学校”的职业培训模式。以小型汽车教练员为例，准备成为教练员的人员年龄必须达到 22 周岁以上，参加过职业培训或具有高中以上学历，持有相应车型的驾驶证，有 3 年以上的驾龄。在符合上述要求条件下，方可报名参加为期 9 个月的教练员职业培训，总共包括 770 个学时。即教练员必须在国家认可的教练员培训中心经过 5 个月的系统培训后，通过驾驶实操和专业知识考试后；再在驾驶培训学校经历 4 个月的系统培训，经过理论试教和实操试教考核后，方可从事教练员职业。

德国对教练员的培训体系是极其完善的，在 5 个月的教练员培训中心系统培训中，培训的项目主要包括交通行为、法律法规、车辆技术、环境保护和节能驾驶、规范驾驶、交通教育学等，每个教学项目、教学内容及其学时安排见表 1；而在 4 个月的驾驶培训学校系统培训中，主要是教练员试教实习阶段，实习阶段教练员要经过参与培训教练员的授课，在培训教练员指导下授课和独立授课三个过程。完善的培训内容和技能培训，使教练员系统掌握从事教练员工作必备的专业知识、交通知识、教学知识和技能素质等，从而成为综合素质高的教练员。

**德国教练员培训的教学项目、内容及学时安排** 表 1

| 序号 | 教学项目 | 教 学 内 容 | 学时安排 |
|---|---|---|---|
| 1 | 交通行为 | 包括驾驶员自我行为、驾驶行为、交通规则、驾驶对人和环境的责任等 | 280 |
| 2 | 法律法规 | 包括刑法、吊销驾驶证和禁止驾驶、责任法和保险法等有关驾驶的法律法规 | 70 |
| 3 | 车辆技术 | 包括发动机和联动装置、发动机燃料、车辆动力传送、驾驶器械、车身和附属设备、电动设备和电子设备、挂车技术等 | 90 |
| 4 | 环境保护和节能驾驶 | 包括道路交通和环境、温室效应、臭氧形成、节能驾驶等 | 10 |
| 5 | 规范驾驶 | 包括改进和完善驾驶方式、驾驶技巧等 | 15 |
| 6 | 交通教育学 | 包括驾驶过程中学习教学形式和教学过程、教练员和学员的沟通方式、授课方法、授课媒体、教学实践等 | 235 |

教练员参加完培训以及通过驾驶实操、专业知识、理论试教和实操试教的考核后，就可从事教练员岗位工作。教练员从业后，还需每隔四年参加一次继续教育，继续教育的内容包括新颁布的相关法律法规、新的技术、教学方法等内容，一般为期培训三天，以提升和保持教练员的综合素质。

## 三、完善我国教练员培训的对策

### （一）优化教练员培训管理体系

当前，我国已经形成较为完善的教练员培训管理体系（图 1），但培训管理体系自身还存在一些不足，需要进一步优化和完善，优化后的教练员培训管理体系如图 2 所示。

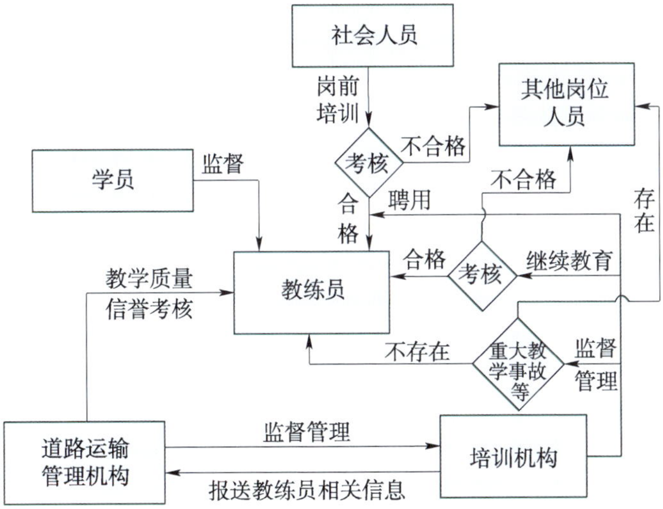

图 2　优化后的教练员培训管理体系

在优化后的教练员培训管理体系中，主要进行的调整有：一是增加教练员的岗前培训和教育，使新入职的教练员掌握基本的教学技巧、岗位服务和文明施教等内容，更好胜任教练员岗位工作；二是建立教练员岗前培训和继续教育考核体系，完善教练员培训质量监控；三是强化教练员的日常监督和管理，对存在重大教学事故、安全事故等情况的教练员及时处理；四是强化驾驶培训机构的主体责任，严格组织、监督和考核教练员培训，建立教练员退出机制。

### （二）完善教练员岗前培训和继续教育培训内容

岗前培训是教练员掌握从事教练员岗位必备的交通安全知识、车辆技术构造、教学讲解、教学心理学等知识的重要手段，对提升教练员的培训与服务质量至关重要。相关部门要制定内容完善的岗前培训教学大纲，内容至少应包括交通安全相关法律法规、车辆技术构造、教学心理学、规范化教学、节能驾驶和规范驾驶以及规范服务等；并进一步完善继续教育的培训内容，根据教练员继续教育机制，驾驶培训行业管理部门每年应制定相应的细化的教练员继续教育培训内容文件，指导驾驶培训机构开展教练员的继续教育。

### （三）制定教练员从业标准

在国家取消了教练员从业资格管理背景下，急需制定教练员的从业标准。从业标准制定实施不仅能有效指导驾驶培训机构合理聘用教练员，也同时为驾驶培训机构的岗前培训指明方向和目标。教练员从业标准是对从事和准备从事教练岗位的人员提出的基本要求，是根据教练员的职业特征和岗位职责，借鉴国外发达国家教练员标准内容，从职业道德规范、教学、驾驶技能、讲解沟通能力、服务等方面，规范我国教练员从业标准内容。

### （四）构建教练员职业教育与非职业教育培养模式

重构我国教练员的职业教育，对教练员进行系统教育和规范培训，驾驶培训机构要积极联合相关职业院校或技工院校，借助院校的师资力量、设施设备等优势平台，采用定向委培形式，以能力为本位、职业为导向，开展教练员的职业教育，建立教练员培养新途径，提升教练员教学和服务水平；对已经从事多年教练员岗位的人员，驾驶培训机构要充分利用院校的优势平台，采用回炉再造、短期培训的形式进行非职业教育和培训，形成教练员职业教育与非职业教育的培训框架体系。

### （五）强化教练员授课能力、规范化教学和服务的培养

教练员是学员驾驶技能和安全意识的培养者和塑造者，具备良好的授课能力、规范教学和服务的能力是教练员文明施教的基础和前提。无论是职业院校的职业教育，还是驾驶培训机构对教练员进行的岗前培训、继续教育，都要注重对教练员与学员的沟通能力、示范讲解能力、规范化教学和服务等方面的培养，将教练员塑造成为沟通意识强、教学能力高、服务意识好的人员，有效提升驾驶培训质量和服务质量。

## 参考文献

[1] 交通运输部．中国道路运输发展报告（2015）[R]. 北京：人民交通出版社股份有限公司，2016.

[2] 蔡凤田．汽车驾驶员培训政策研究总报告 [R]. 交通运输部公路科学研究院，1996.

[3] 曾诚，孟兴凯．关于机动车驾驶员培训考试改革的建议 [R]. 交通运输部公路科学研究院，2015.

# 第五节　培养安全驾驶　须从源头抓起

张姿君　广州市机动车驾驶培训行业协会

【摘　要】机动车驾驶培训教练员在培养驾驶人规范行车和道德修养中起着至关重要的作用。只有优秀的教练员才能教导出合格的驾驶人。因此，对教练员自身行为修养和业务技能上有着更高的要求。如何做好一名合格的教练员，关键在于落实教练员培训。如何提高教练员培训质量，关键是从创新培训模式、研发优质课程、共享优质资源和实行差异化培训方面入手。

【关键词】互联网 + 驾驶培训；供给侧结构改革；素质培养；人才战略；差异化培训

在社会主义市场经济迅猛发展、政策拉动内需效应显现的大环境下，社会各行各业蓬勃发展，而其中又以汽车制造业尤为突出。据公安部交通管理局统计，截至 2017 年 3 月底，我国机动车保有量突破 3 亿辆，其中汽车保有量达 2 亿辆，机动车驾驶人超过 3.64 亿人。面对人民群众日益增强的学驾需求，如何快速地培养出合格的机动车驾驶人？我认为关键取决于“人”。有言道：“古之学者必有师。师者，传道授业解惑也。”作为支撑驾校“门面”的教练员，作为指导学员掌握驾驶技能的启蒙者，教练员的好坏直接影响着培训学员驾驶技能和习惯的优劣。那么，如何提高教练员队伍的教学水平？如何提升教练员队伍的职业素养？答案显然易见——就是要注重培训质量，提高教练员培训实效。

## 一、教练员素质培训的必要性

做好教练员培训是交通管理部门规范驾驶培训行业的重要内容，是驾驶培训机构树立优质驾驶培训，打造名牌驾校的重要环节，也是教练员提升业务技能和自我修养的重要手段。但是，由于目前还存在部分对教练员培训工作认识不强、主体不清和责任不明的情况，制约着培训工作开展。对此，应结合驾驶培训实际工作事例，多角度、多层次、多方法地开展教练员培训。

政府部门角度。按照《机动车驾驶员培训管理规定》（交通运输部令 2016 年第 51

号）的规定，每年对教练员的职业道德教育和驾驶新知识、新技术的再教育进行至少一周的脱岗培训。由此可见，管理部门重视教练员管理和培训，规范教练员教学和服务。

驾驶培训机构角度。按《国务院关于第二批取消152项中央制定地方实施行政审批事项的决定》（国发〔2016〕9号）的规定，教练员从业资格审批认定被取消。今后由驾驶培训机构自主选用教练员，无疑对驾驶培训机构管理、培养和评估教练员的能力提出更高的要求。对此，开展对新入职及在岗教练员的职业培训和素质教育显得尤为重要。

教练员角度。长期以来，教练员被社会大众贴上“吃拿卡要”的标签。教练员处在驾驶培训机构管理的底层，工资待遇普遍得不到提升，职业地位也无法得到社会的认同。面对个性化学驾需求的不断增加、自学直考等新形式的冲击，教练员更应重视业务技能和服务能力的培训，提升自我价值，增强职业荣誉感。

## 二、教练员素质培训方法

做好教练员培训工作，应注重培训的方式方法。在此以广州市驾驶培训行业开展教练员继续教育培训为例，浅谈教练员培训工作的开展。

广州市机动车驾驶培训行业协会（下称“广州市驾驶培训协会”）成立于2009年，共有会员单位101个，全市驾校100%入会。从2011年起，在上级交通主管部门的指导和驾驶培训机构的委托下，统一组织教练员继续教育培训。至今已连续6年开展教练员继续教育培训工作，累计举办培训班110余场，年平均培训人数8000余人。开展教练员培训有四个亮点：

1. 紧跟新规，巧设课程。以实操与理论课程相结合模式，邀请公安局车管所考官针对新考规进行现场讲解，教练员在考场进行模拟考试实训。理论培训课程紧跟法律法规、新教学大纲、新国标等，邀请交通管理部门专家授课，解读政策内容。

2. 集中培训，提高效率。统一安排，采用多功能大型阶梯教室，计划每期人数不少于300人。提前安排座位号及进退场签到等考勤制度，每期的出勤率达98%，提高培训实效和保证培训质量。

3. 因地制宜，送教上门。方便教练员的日常生产工作，根据每年的培训方案对提出就地培训的片区进行场地审验，由当地交管局（站）主持，提供送教上门服务。

4. 培训建档，配合管理。建立教练员培训电子档案，记录培训项目、培训日期、培训学时及考试成绩等信息，并录入到市级监督管理系统中，方便日常监督和管理，这也是作为教练员质量信誉考评及行业综合保险理赔的重要依据之一。

为落实教学大纲的教学要求，广州市驾驶培训协会还承办学员集中理论培训。始终坚持“规范管理、服务第一”的理念，不断提高理论教学质量，规范管理各教学点秩序、培养优秀教师团体，平稳有序地开展学员集中理论培训工作。从 2013 年 10 月至今，共开课 4000 余场，培训学员约 50 万人。学员满意度率均 95% 以上，受到全市驾驶培训行业人员和广大学员的支持和认可。

## 三、保障措施

提高教练员培训质量，需要重视以下几方面的内容。

### （一）依法治理，加强政策制定

按《广东省人民政府办公厅转发省公安厅省交通运输厅关于推进机动车驾驶人培训考试制度改革实施方案的通知》（粤府办〔2016〕77 号）文件精神，完善教练员继续教育制度，试点开展教练员职业教育，提高教练员队伍素质和教学水平。建议将教练员培训作为机动车驾驶培训教练员诚信评价和驾驶培训机构质量信誉考评依据之一，也可将教练员培训与教练员考核退出机制相结合；运用行政手段，加强教练员培训的实效性。另外，参照《道路运输驾驶员继续教育办法》制定机动车驾驶培训教练员继续教育办法，明确培训目的，规范培训流程，采用学时制度，保证培训质量。

### （二）提高认识，转变培训理念

如今市场经济倾向供给侧结构性调整，驾驶培训机构也逐步认识和重视供给侧 + 驾驶培训关系。这不仅要求驾驶培训机构在供给侧条件下满足消费者学驾的高品质需求，更是考验驾驶培训机构在劳动力配置中，如何做好教练员素质、技能和服务提升工程。作为企业，一是从驾校经营和教练员角度出发，提出合理的培训需求；二是明确培训细则，配合培训开展；三是鼓励教练员积极参与培训，提供人力和物力支持；四是针对培训结果提出切实可行的工作建议。

### （三）审时度势，创新培训模式

随着计时收费系统、网上约考等互联网技术的嵌入，互联网＋驾驶培训的潮流已势不可挡。互联网的思维推动传统培训模式，利用网络远程继续教育系统开展培训工作已势在必行。在线学习的模式能打破时间和区域的限制，缓解教练员工学矛盾，还可批量投放教学录制视频，教练员反复观看，提高培训效率。最重要的是实现优质教学资源共享，这不仅能保证培训质量，还能大大减轻培训成本。但有利必有弊，网络远程教育使教练员缺少现场感和答疑环节，是否适用教练员群体还待进一步研究。

### （四）适应需求，实行差异化培训

随着机动车驾驶培训教练员从业资格审批取消，机动车驾驶教练员国家职业资格应运而生。从政府“放管服”，再到教练员群体趋向优胜劣汰，驾驶培训机构逐渐迈向高端人才培养的战略形势。因此，教练员继续教育培训也应适时转变，针对个体不同，培训需求不同，实行差异化，才能收到良好的培训效果。对于新上岗教练员，应着重加强对规范教学、与学员沟通技巧和考场实训等模块的培训。对一般教练员的再教育，可从行业法律法规、社会责任、交通安全和文明驾驶等模块进行培训。对培训质量要求较高的高技能人才，应有所针对地开展政策法规深度解读、驾驶培训行业新技术学习、职业等级考核及人才素质教育和安全生产培训。

### （五）研发特色课程，大放异彩

结合驾驶培训行业实际，开发特色培训课程，例如：推广儒家育人的理念，举办“礼、义、仁、信”传统道德讲座课；召集全国驾驶培训优秀管理人才、教练员标兵，开展驾校管理、规范教学和服务技巧分享讲座；利用虚拟现实（Virtual Reality）技术，在模拟驾驶环境中测试教练员是否规范行驶，纠正不良驾驶行为。

## 结语

2017年是实施“十三五”规划的重要之年，是供给侧结构性改革的深化之年，是驾考改革成果的验收之年。从整体上看，机动车驾驶人培训逐步进入中高速发展的新态势，打造驾驶培训品牌效应，发展高端人才战略，已经成为驾驶培训行业发展的趋势。据不完全数据统计，截至2016年2月，全国有近70万名教练员，面对如此庞大还持续增加的教练员群体进行既保“量”又保“质”的培训，这无疑是一项长期而艰巨的工作。只有把握正确的培训目的，注重培训实效，始终坚持培训，从“量变”到“质变”，我们教练员职业素养和服务水平才能得到社会的认同，成为驾驶培训行业的发展的新力军！

## 参考文献

[1] 中国道路运输协会．怎样当好教练员[M]. 北京：人民交通出版社，2014.

[2] 北京公共交通控股（集团）有限公司．机动车驾驶教练员职业技能等级培训教材[M]. 北京：人民交通出版社股份有限公司，2015.

[3] 罗纳德·L. 雅各布斯．结构化在岗培训：释放工作环境中员工的专业能力[M]. 南京：江苏人民出版社，2016.

[4] 康至军，施琦，蒋天伦．人力资源开发阅读地图：如何让培训更有效[M]. 南京：江苏人民出版社，2010.

# 第六节　驾驶培训+互联网思维

陈俊　云南东方时尚驾驶培训有限公司

【摘　要】近年来，随着我国社会经济和科技的不断发展，我国驾驶培训行业快速进入了科技化、信息化、竞争化时代。东方时尚与时俱进、顺应大时代的发展与变革，结合行业特点，利用信息化、科技化手段，提出互联网思维，在行业内倡导利用互联网提升驾驶培训质量。本文通过对驾驶培训市场的分析，结合互联网各方面特点，提出东方时尚＋互联网思维。

【关键词】互联网思维；互联网信息技术的利用；学员体验；圈层；降维打击

## 一、我国驾驶培训行业现状与发展趋势

随着社会经济的发展进步，人民群众在基本物质生活得到满足之后，对于生活质量有了更高的要求，其中典型的现象是汽车进入普通家庭，驾驶成为一种生活技能，使得驾驶培训行业得以快速发展。据公安部交通管理局统计，截至 2016 年底，全国机动车保有量达 2.9 亿辆，其中汽车 1.94 亿辆；机动车驾驶人 3.6 亿人，其中汽车驾驶人超过 3.1 亿人。其中云南省机动车保有量达 1151 万辆，驾驶人达 1211 万人，当年新增驾驶人 93.3 万人，平均每天有超过 2500 名新手正式开车上路。而此时，很多驾校仍采用传统的运营模式，甚至为了提高投资收益率，不顾教学质量，偷工减料，造成学员安全文明行车意识不足、驾驶技能不全面，毕业后引发的交通安全事故时有发生，每年道路交通事故死亡人数达到数万人。

随着《国务院办公厅转发公安部交通运输部关于推进机动车驾驶人培训考试制度改革意见》（国办发〔2015〕88 号）的贯彻落实，相继出现了驾驶培训行业的改革与创新。创新培训方式实行驾驶人分类教育、先培后付、计时培训、自学直考；实施自主报考、自助约考、放宽学车条件；开放驾驶培训市场，减少审批环节，强化培训责任，建立诚信体系；利用社会化考场，提高考试供给能力，优化考点布局，规范驾考流程，保障考试公平等各项“便民、利民、惠民”政策相继出台并稳步推进，开启了“市场化、便民化、信息化”培训时代。这标志着一个旧时代的结束，一个新时代——互联网时代的到来。

因此各地区驾驶培训行业为了生存，就必须要改革、要发展、要创新。

我国汽车市场发展潜力巨大，特别是私人汽车消费，在未来 20 年将持续高速增长。同时，我国政府十分重视信息化建设，已经明确将互联网用到政务民生、生活服务、交通、金融等方面。2015 年 3 月 5 日，国务院总理李克强在十二届全国人大三次会议的《政府工作报告》中提出，制定“互联网 +”行动计划，推动移动互联网、云计算、大数据、物联网等与现代制造业结合，促进电子商务、工业互联网和互联网金融健康发展，引导互联网企业拓展国际市场。数据显示，截至 2016 年，我国网民数量达 6.68 亿人，网民规模全球第一；网站总数达 413.7 万余个，域名总数超过 2230 万个，.CN 域名数量 1225 万个，在全球国家顶级域名中排名第二。固定宽带接入端口数达 4.07 亿个，覆盖到全国所有城市、乡镇和 93.5% 的行政村。固定宽带用户数超过两亿，宽带用户规模位居全球首位。截至目前，我国已建成全球最大的第四代移动通信（4G）网络，4G 用户突破 2.5 亿。

目前，正处于我国互联网高速发展的黄金时期，互联网环境下驾驶培训行业存在着优势与劣势并存的挑战：我国驾驶培训行业最大的优势就是学员总体数量较大，网络消费需求旺盛。驾驶培训机构可以把互联网技术运用到驾驶培训经营和管理中来，通过消费升级与互联网技术的普及，使我国的驾驶培训市场逐渐走向成熟。劣势是，社会高速发展，传统市场与生产模式已经满足不了现代消费者的需求。传统的驾驶培训行业具有暴利性，随着驾驶培训市场进一步开放，诸多投资者加入其中，导致了整个驾驶培训行业竞争激烈。现代社会的竞争已不是昨天到街上发广告、拉学员等传统模式的竞争，而是利用现代互联网技术的科技竞争。

我们要充分利用现代互联网技术来促进发展，在互联网环境下不断完善我们的各项系统。因为驾驶培训行业整体水平的提升是一项系统性的工程，所以除政策制度的支持外，也需要互联网提供新的技术、新的商业模式，以克服在变革中产生的负面因素，努力提高我们的服务质量，与学员的需求同步。

## 二、互联网环境下的消费模式

互联网是全世界的计算机、计算机网络互相连接成的信息传送网络。互联网的连接遍及全球，并且以惊人的速度增长。互联网具有低成本、无国界、交互性、多媒体针对性、受众可视性，实时灵活性、感官性等优点。由于国际互联网所具有的突出特点，它是继报纸、电话、广播和电视后，人类社会又一重要的信息传播媒介，国际互联网的出现是工业化社会向信息化社会转变的重要标志。

### （一）互联网思维

互联网思维是零距离和网络化的思维。互联网时代的思考方式，不局限在互联网产品、互联网企业。互联网思维不单指桌面互联网或者移动互联网，是泛互联网，未来的网络形态一定是跨越各种终端设备的，包括台式机、笔记本、平板、手机、手表等。

### （二）消费的体验

"学员体验"是指在消费者购买过程中通过让他们观摩、聆听、尝试、使用等方式，使其亲身体验企业提供的产品或服务，让顾客实际感知产品或服务的品质或性能，从而使顾客认知、喜好并购买的一种服务方式。在互联网模式下，学员消费需求由关注"价格"向关注"消费体验"转变。

对于驾驶培训行业来说，要强化学员学驾过程的"体验"，就必须清楚地了解学员行为，对学员在报名前、中、后各阶段的整个体验更加注重，让学员感受到品牌是如此生动，如此多样，而且它是可以被看到和体验的，有时甚至会超越他们的期望，这样的体验才算得上是真正的学员体验。

### （三）消费的个性化

顾客内在精神和心理感受的体验都是因人而异，同样的事情可能会有不同的体验。例如先学车、后付费，学员先到驾校体验学车的过程。有的学员可能是体验东方时尚的服务品质，而有的学员是想体验东方时尚的教学质量，也或许有人是为了体验东方时尚的先进设施设备。所以，对企业来说，必须根据目标顾客的心理特点，来为他们提供个性化的体验需求。而消费者的体验都具有较大的主动性，无论是发生在体验产生阶段，还是在体验消费的过程中。如果只有体验提供者，而消费者没有主动性，体验就不会发生。因此，作为体验提供者的企业，如何进行诱导体验，还是有待深入研究的课题。

### （四）消费感受的传导

顾客所获得的感受并不会因一次体验的完成而马上消失，具有一定的延续性，如发生的顾客对体验的各种回忆等，有时顾客事后甚至会对这种体验重新评价，产生新的感受。因此学员体验的效果是长期性的，一旦顾客对体验满意，他们对公司往往高度忠诚。比如学员在学习过程中对东方时尚的服务满意就会产生转介绍的效果，这便在体验中促进了企业的发展。

## 三、互联网在云南东方时尚的具体运用

云南东方时尚经过三年多的运营发展，根据互联网的现代化特征及自身特点，运用互联网思维，以公司管理系统为核心，打破传统驾驶培训行业运行模式，把互联网的高速化、虚拟化，建立网络与实体之间的联系，把互联网落到实处。

### （一）科目一线上教学

把传统的教学工作由教室搬到互联网中来，以方便学员学习，使学员不受教学条件的限制，每时每刻都能进行科目一学习。

### （二）网上约车约考

利用一切计算机、移动终端等硬件设备，通过网站、微信公众号、APP 等网络软件，把驾驶培训行业服务学员的科学技术“武装到牙齿”，让每位学员都满意。

### （三）互联网营销

通过互联网营销，去掉地域的限制。我们利用 H5 会员系统，实现会员数据的管理，广告发布与传播，建立移动客户端商城。H5 会员系统有会员管理、二级分销、大数据收集的功能，通过客户信息的管理，打造新的互联网商业生态圈；天猫旗舰店除了满足学员报名需求外，还有与学员交流与沟通的功能，通过真实、可控的交流，让到店学员了解云南东方时尚，增加报名概率、增加口碑宣传力度，把互联网的思维落到实处。以上这些避免了传统驾校经营上面临的竞争困难。

## 结语

结合驾驶培训行业的实际情况，在互联网环境下着力提高驾驶培训质量，在“互联网 +”思维的各个维度上，把提升中国驾驶培训行业的整体品质作为社会赋予东方时尚的责任。通过我们的努力，让更多人学习交通法规，树立遵守交通法规、文明出行的意识，掌握过硬的驾驶技能，以期最大限度地减少道路交通事故，缓解交通拥堵，创建和谐、文明、畅通的道路交通环境，做出东方时尚 + 互联网的特色示范。

## 参考文献


[1] 杨跃之. 管理学原理 [M]. 北京：人民邮电出版社，2012.

[2] 福布斯中文网. 张瑞敏：互联网思维的海尔不需要怎样的人？[EB/OL]. (2014-01-20)[2017-05-06]. http://www.forbeschina.com/review/201401/0030786.shtml.

[3] 王楷. 观星巴克识体验营销 [J]. 科技信息，2006:264-266.

[4] 居斯塔夫•勒庞. 乌合之众 [M]. 北京：中央编译出版社，2014.

# 第七节　科学建立汽车模拟驾驶组训，高效提升驾驶培训教学质量

罗慧贤　广州市交通运输职业学校

【摘　要】随着汽车智能化、信息化程度的不断提高，现代交通条件的复杂性、道路情况的多变性、运行环境的高速性，对驾驶人判断与处置各种复杂情况的应变能力会提出越来越高的要求，驾驶人的心智技能必须增强。本文针对当前汽车模拟驾驶培训存在的问题，围绕模拟驾驶组训深入研究，实现模拟与实车训练的有机结合，构建高效节能培训模式来提升驾驶培训教学质量。

【关键词】模拟驾驶技术；智能化；培训模式

## 一、汽车模拟驾驶训练的意义与存在的问题

运用汽车模拟驾驶器进行训练对于缩短训练时间，提高训练质量，降低训练成本，确保训练安全具有显著的社会、经济效益：

一是有利于增大安全系数，安全无事故是衡量学员训练质量的一个重要标志。进行模拟驾驶训练不但可以避免道路交通情况、外界环境等客观因素的制约，还有利于提高学员的警惕性、预见性以及判断能力。经抽样调查对比，经过模拟练习的学员正确判断与处理情况的能力比没有经过模拟练习的学员高 50%。

二是有利于提高训练质量。汽车驾驶是一个反复操作、不断提高的过程，要熟练掌握驾驶技能就必须多练，利用模拟驾驶，一方面可以把室外科日室内化，另一方面又能把因天气影响的训练时间充分利用起来，进而缩短培训周期。

三是有利于节约人力、物力、财力。尤其是培训初期学员容易紧张，动作生硬，违规操作多，致使燃油成倍消耗，经济性下降，机件早期损坏严重，故障率高，维修频繁。不仅造成了大量经费浪费，还因车辆维修等影响正常的训练工作。而将科目二及一些难度较大的科目利用这种无消耗、低器材消耗的模拟器来训练，可以大大降低训练经费支出，减少误训时间。例如：前期训练实车实习每人 82 学时，可安排 13 学时在模拟器上进行练习，即每名学员在规定的实车实习 2000 公里，训练里程可缩短 300 公里。全期

以培训 400 名学员计算，每年可减少 12 万公里训练里程，节约油料 60000 公升，节省油料费约 12 万元，器材修理费 1.5 万元／月，同时每台车还增加了 1800 公里的储备里程。

现代模拟驾驶培训技术在适应我国社会发展和科技进步的要求方面注重方法学的研究，在培训方法和手段方面注意吸取现代科学技术的新成就以提高培训效率。我国在模拟驾驶培训技术方面与国际的发展差距还很大，对照我国对职业教育的客观要求，当前模拟驾驶培训技术存在的问题大致可归纳为如下三个方面：

一是对汽车驾驶技能的整体性、系统性认识不明，因而培训目标设计缺乏科学依据，导致培训工作顾此失彼、被动应付的局面。

要解决提高培训效率的问题，研究的关键在于首先从宏观上阐明汽车驾驶技能的组成要素及其相互关系。只有如此，才能为培训内容的整体设计提供科学的依据，也才能确保对学员进行有目的、有计划、高效率的定向培养。

二是对汽车驾驶技能中操作成分与心智成分的主从关系认识不明，在确定培训的战略重点时，或者主次不分，或者本末倒置，导致培训不能适应现代科学技术发展对驾驶人的新要求。

三是对技术培训的学习规律认识不明，缺乏专门的动态研究，导致现行培训沿袭经验主义的教学方法，妨碍了学员有效地学习汽车驾驶技能，特别是在心智技能的培养方面，影响尤为突出。

综上所述，当前汽车模拟驾驶培训技术的研究方面存在的问题是缺乏明确的指导思想，其具体表现为：宏观上对汽车驾驶技能的整体结构、组成要素及其主从关系认识不明；微观上缺乏对汽车驾驶技能形成规律的方法探讨。可以认为，这就是妨碍汽车模拟驾驶培训科学化的症结所在。

## 二、汽车模拟驾驶组训方式

### （一）模块化

确定操作成分和操作顺序，揭示高级驾驶人（专家）头脑中的心智技能，是实现智能模拟的根本所在。为实现高效的模拟训练，必须首先建立技能模型即专家模块，研制出一套适用于汽车模拟驾驶训练的专家模块。需要说明的是，“建立模型”和“验证模型”是模拟法应用的关键步骤，二者的重要性不能等同。“建立模型”居主导地位，它更具有创造性，难度较大，且往往决定着研究的成败。一旦模型建立，活动的目标业已明确，验证阶段则是根据试验的严格要求检验模型的执行和反馈情况，其结果固然重要，但在创造性和难度方面的要求上则明显低于前一阶段。因此，还应对建立技能模型的过程规律、方法和手段进行更为系统、深入的探讨。其次，“验证模型”的实验研究也应分层次进行，只有当模型被证实为是有效的、且能应用于培训的优化模型时，方可认为验证阶段的完成。

### （二）分级化

为使模拟设备与技术的应用更加合理，模拟训练的组织过程中，会更加注重区分训练对象和训练内容而采取不同的训练手段。对技能分解的程度和组训方法也会根据模拟训练的需要而有所不同。模拟训练的内容应分操作技能和心智技能两方面，分别确定在不同训练阶段和科目的训练内容，在操作技能方面应包括单个（组、套）动作、协调配合、作业顺序、操纵技巧等，在心智技能方面应包括单元（组、区）情况、思维过程、分析方法、判断推理、心理调节等。

### （三）多元化

模拟培训技术的应用范围将会不断扩大，比如：安全教育、事故体验、事故再现、牵引驾驶、心理训练、战场驾驶、防卫驾驶、赛车训练、车技训练、医疗康复、科普教学、远程救援、远程教学等。

### （四）智能化

模拟驾驶组训的分层性决定了模拟设备的两极化发展的总趋势，智能化程度越来越高。基础驾驶技能的训练更多地采用价格低廉而组训灵活的被动式模拟机为主要形式的模拟训练设备；而特种和高级驾驶技能的训练更多地选用高清晰全功能且可实现与实景联动的主动式模拟机为主要形式的模拟设备。

模拟设备所能提供的功能将会使模拟教学越来越灵活和便捷，智能化程度更高，不受地域和训练纲目的限制。模拟设备将向教练员提供几十种多媒体教学的展示手段、多种教学方法和组训方式供教练员选择和使用，提供大量的跨区域的道路实景、与驾驶相关的驾驶理论知识、交通管理知识、社会人文地理的数据库供教练员随时调用，提供各种技能的评价手段、基本标准和技能考查数据库。教练员可根据模拟教学实际的需要，自由选择模拟教学方式和方法，自行编辑教学内容，灵活地组织模拟训练。虚拟技术的不断提高，以实景为基础，利用计算机技术实现高清晰全仿真的主动模拟机已逐步进入应用阶段。

现代信息技术的迅猛发展，为培训技术的应用提供了更多的发展空间，利用网络实现远程模拟驾驶教学，跨越地区限制，共享信息资源，不到现地也可熟悉当地的交通状况和社情民情，了解城区交通管理的相关法规，预先进行异地驾驶训练等。

## 三、高效节能模拟驾驶培训组织方法

无数的教学实践证明，影响实车训练效率低的最主要的教学障碍是大量的错误操作，而产生错误操作最根本的原因是概念不清、方法不当、顺序不明、判断不准。因此，上车前的理论学习和模拟训练的重要任务就是要帮助学员理清行车概念，掌握操作方法，明确心智顺序，掌握判断思路。

### （一）组训方式

遵循“理论学习为先，驾驶技能分解，模拟实车分工”的原则，准确地界定理论学习、模拟培训与实车培训三个教学环节在汽车驾驶教学过程中各自的地位与作用，是实现“理论、模拟加实车”高效节能培训模式的基本点。汽车驾驶技能的掌握必须通过实车培训才能最后获得，而理论学习与模拟培训是实车培训前必不可少的教学准备过程。过分强调前两个教学过程的作用是错误的，反之，没有或忽视前两个教学环节的作用，提高实车培训的效率也是不可能，而且还会增加培训成本。

### （二）模拟驾驶训练策略

不同于实车培训，模拟培训的目的是在于解决实车培训中不易解决的问题，模拟培训不是实车培训的室内化，因而在培训的策略上应与实车培训有所区别：

1. 模拟培训要强调分解练习。不仅操作动作要分解练习，智力动作也要分解练习，从而满足渐进性施训的需要。

2. 对单一动作（包括操作动作和智力动作）要突出连续性的重复练习。对驾驶动作的反复练习，是实现驾驶技能快速定势的主要手段。通过模拟培训可以大幅度地增加驾驶动作的培训量，有利于操作动作与智力动作定势的形成。

### （三）模拟驾驶培训的重点

操作技能的培训只占汽车驾驶技能培训内容的 20%，汽车驾驶技能 80% 的培训内容是心智技能的培训。通俗地讲，就是对道路情况的观察、判断与处理。由于在全部实车培训的组训模式中，解决心智技能熟练的主要方法是采用大量的道路驾驶培训，即通过长距离、长时间的道路驾驶来完成学员心智技能的熟练，因而，熟练周期长，培训成本高，安全风险大，练习效率低，心智技能形成缓慢，这也是阻碍学员快速掌握驾驶技能的主要原因。模拟驾驶培训中的心智技能练习主要是在配置有几十种实际道路引导驾驶教学内容的模拟教学平台上进行的。

## 结语

利用现代化的汽车模拟设备组织学员驾驶训练，是驾驶培训教学改革的必由之路。在实践过程中，驾校能充分发挥好模拟器的作用，把模拟训练作为从理论到实车训练的有效“桥梁”，科学组训，这样就能够有效提升驾驶培训教学质量。

## 参考文献

[1] 熊坚，曾记国，管欣．驾驶模拟器用于交通系统仿真的研究 [J]. 系统仿真学报，2010.

[2] 陈定方，罗亚波．虚拟设计 [M]. 北京：机械工业出版社，2002.

# 第八节　推行驾驶培训素质教育　精心培养合格驾驶人

蒋必智　广州市粤安驾校副校长

**【摘　要】**本文从驾驶培训的现状、驾驶培训的质量问题、素质教育的重要性、如何进行素质教育等几个方面论述了驾驶培训素质教育的必要性和实践体会，以及驾驶培训人应该承担的社会责任。

**【关键词】**驾驶人素质培养；汽车社会；驾驶人安全意识；创新培训模式

在这个互联网已经全面普及的时代，天上掉下一架飞机，全世界人民都会知道，也会引起热议。但每天数百名鲜活的生命死于交通事故，又有多少人关心？近 10 年来，我国的交通事故死亡人数位居世界第一，全国平均每年发生道路交通事故 60 万起，死亡 10 余万人，相当于每年一个中型的城镇人口在地球上消失。每天一二百人悄无声息地死于道路交通事故，这是多么让人痛心的事实。

提升驾驶人素质减少交通事故率已经成为必须给予极大关注的社会问题，驾驶培训行业承担着重大责任。在机动车驾驶培训教学中，对学员进行素质教育是一个十分重要的课题。在第二届"机动车驾驶培训与道路交通安全国际论坛"上，来自中外的驾驶培训行业精英们齐聚一堂，就本次论坛主题"质量与安全"进行深入交流是十分必要的。

## 一、驾驶培训现况与教学质量问题

根据公安部近期发布的统计数据显示，截至今年 3 月底，全国机动车保有量已突破 3 亿辆，其中汽车数量达 2 亿辆，机动车驾驶人达 3.2 亿人，驾驶人数量位居世界第一。三年以内驾龄的新驾驶人近 1 亿人，现在每年学习申领驾驶证的公民达三千多万人，据预测，到 2020 年左右，全国驾驶人将达到 4.7 亿之多。

这个庞大的汽车保有量及驾驶人群体说明我们早已步入了汽车社会。按照国际惯例，当每百户居民汽车保有量达到 20 辆以上，就进入了汽车社会。但是，目前我国才刚刚迈入汽车社会的门槛，道路设施、安全管理，特别是数量众多的1亿新驾驶人素质培养与提高，还赶不上迅猛发展的形势。如何有效地遏制道路交通事故的发生，我们需要做的事情还很多，离一个成熟的汽车社会还差得很远。数据显示，在欧美等发达国家，驾驶人数量基本达到总人口的七八成。按照我国14亿人口来算，在未来几年内，驾驶人数量还会迅速增加。面对每年三千多万的新增驾驶人，驾校如何精心培养，向社会输送安全合格的驾驶人，保证国家道路交通安全，创造良好健康的交通环境，为社会经济的不断发展保驾护航，这是每个驾校义不容辞的使命，也是一份沉甸甸的社会责任。驾校如何按照国家教学大纲的规定与要求，做好机动车驾驶人的培训工作，是我们驾驶培训同仁多年来一直关心探讨的大事。

目前我国驾驶培训的现状是：全国驾校数量众多，但是驾驶培训经营管理还存在着一些较为普遍的问题，比如重收益、轻质量；重应试教育，轻素质教育；重驾驶操作培训，轻安全意识培养。造成的直接后果就是驾驶人的遵章守法观念和安全意识不强，上路驾驶频繁发生道路交通事故。

以2016年7月24日发生的一宗交通事故案例为例，有四名广州游客去美国亚利桑那州旅行参加自驾游发生了一起车祸，当时驾驶一辆道奇面包车行驶在93号公路南下车道，在路口左转弯时，与一辆直行大客车发生侧面相撞事故。据当地警方公布的调查结果显示，南行的道奇面包车在Stop Sign（“停”字标识）处左转弯时没有按交通管理法规停车让行，结果被直行的一辆大客车撞到。在事发现场，4人因伤重身亡。

这起车祸让我反复思考，中国的驾驶人为什么会在美国发生交通事故。抛开两国交通规则的差异不说，我们可以说美国驾驶人基本上都能自觉遵守交通规则，不敢违反，因为他们懂得这会付出生命的代价或者受到严厉的处罚。反过来看这起事故中的肇事驾驶人，他不可能不懂交通法规，但我们国内的部分驾驶人往往在驾驶车辆时抱着侥幸心理，为了方便，随意压线，为了赶时间闯红灯等等，很多的交通违法行为就直接导致了各种各样的事故。在这起事故中，肇事驾驶人没有遵守基本的交通法规，转弯车让直行车，支路让主路，看见停车让行的禁令标志要停下来！肇事驾驶人有很长的驾龄，驾驶技术不可谓不纯熟，但就是因为缺乏应有的驾驶安全意识，加上侥幸心理，造成了这宗重大的交通死亡事故，酿成了悲剧。有媒体一针见血地指出：这次车祸，完全是该名游客驾车时不把停车让行禁令标志当回事，这种违反行车基本原则导致的车祸，车主负全责，不仅拿不到赔偿，反而要赔给对方车辆的修理费和人员医药费。

其实无论在哪个国家开车，遵守交通法规都是最基本的。大量的交通事故告诉我们，我们的驾驶人欠缺的不是驾驶技术，而是安全意识，以及对生命的尊重和敬畏之心。

这起事故要引起我们每一位驾驶培训从业者足够重视。我们在培训教学过程中，一定要让学员懂得，交通法规就是驾驶人铁的纪律，是生命，是不可逾越的底线。

## 二、素质教育的重要性

驾驶人培训是保证道路交通安全基础的源头，驾校在培训学员的过程中，如何把应试教育转为素质教育，如何建立以素质教育为核心的培训模式，这是我们驾驶培训人始终面对和反复思考的问题，也是一直以来所有驾驶培训人努力达到的目标。

要实行素质教育，首先要在学员头脑里形成一个观念，来驾校学车不只是学习驾驶技能，要让每一个学员从报名学车的那一刻起，就把交通安全责任刻在脑海里，在其未来的驾驶生涯中始终保持高度的安全意识，有效地杜绝交通违法行为，防止交通事故。作为一名驾驶人，要始终牢记，你即便掌握了再好再强的驾驶技术，如果不严格遵守交通规则，缺乏安全意识，那么等待你的必然是沉痛的教训，甚至付出生命的代价。

实践证明，一味强调教给学员过硬的驾驶技术，忽视了有效培养学员的安全驾驶意识是不可取的。无论学员掌握多么扎实的驾驶技术，要是思想意识上对安全轻视，对遵章守法、安全行车抱侥幸心理，那等待他的必然是一场车毁人亡的悲剧。所以，一个现代化管理的驾校，必然要认真做好“意识＋技能”双管齐下的教学模式，努力从应试教育转变为素质教育，达到培养具备安全驾驶能力的驾驶人，为日后的安全行车打下坚实的基础，预防和减少道路交通事故的发生，这是社会和时代对驾校培训的要求。

## 三、如何开展素质教育

驾校对学员的培养不能仅仅停留在硬件设施的加强层面，更应注重软件建设，让学员从报名学车的那一刻起，就把安全意识刻在脑海里，从而达到对驾驶人的素质教育。

面对培训教学中普遍存在重技能轻理论的现状，该如何做出改变呢？粤安驾校近年来以强化素质教育为核心，大力推行对学员进行重点的驾驶安全素质教育，大幅度提高了安全驾驶理论培训分量。通过不断探索、不断创新，摸索出符合驾校培训教学的模式。

1. 严格按照国家教学大纲的规定，确保完成各个科目的理论学习时间，开设理论课堂，集中面授教育，聘请专业老师，精心制作教学软件，通过老师面对面的传授与形象的讲解，再配合开设远程视频教学课，让学员从理论学习中重点增强安全驾驶观念与学习交通管理法规。

理论课采取通过强化安全教育、配合聘请公安、交通管理部门的专家开设专题讲座；选择一些交通事故的典型案例播放讲解；由经验丰富的教练员示范讲解汽车的应急驾驶操作方法和技巧，促使学员领会掌握。同时，我们严格执行驾校制定的安全规章制度，管理人员、教练员都将“安全第一”的交通安全观念反复灌输，年年讲、月月讲、日日讲、会会讲、事事讲。教练员以身作则，学员由习惯到自然，自觉形成“安全第一”的意识，变“要我安全”为“我要安全”，进而对安全驾驶的认识提高到一个新的水平，在驾校里形成一个人人积极投身参与安全教育，驾驶培训从源头抓起的良好教学氛围。

2. 在日常的教学管理上，驾校实施全程监控，保证教练员的教学质量和学员的学习收到效果。我们对教练员进行定期培训与考核，要求教练员在教学中不断学习，提高自己的教学水平与培训能力。通过多年来坚持不懈的努力，达到了良好的效果。

驾驶人要形成牢固的安全驾驶意识，是需要经过一定时间的，所以树立安全驾驶意识不可能通过一两天的学习，就会立竿见影地收到成效，它需要一个较长的培养过程。这就要求我们驾校把培养学员的安全意识融入每次的理论与实操教学之中。在日常教学中，教练员以身作则，学员接受严格规范的教育，不断纠正和改变交通安全意识薄弱的错误观念和不良的驾驶习惯，保证学员认真体会并掌握好一套真正有效的安全驾驶技能。

素质教育带来了可喜变化，近年来，由广州市公安局车管所定期向社会媒体公布各驾校三年以内新驾驶人的多项统计数据显示，在粤安驾校毕业的驾驶人，发生道路交通事故与交通违法行为的宗数都是最低的。在科目一理论考试中，我校的学员考试合格率在98%以上。

## 结语

交通安全从驾校开始，是每一位驾驶培训人为之奋斗的方向。驾校作为安全驾驶的引路人，就是要让交通安全的警钟在每个汽车驾驶人头脑中长鸣。我们要以教会学员安全行车为目的，而不是为应付考试而教学。老驾驶人时常提起的一句话讲得非常好：“汽车一响集中思想，车轮一动想到人民群众。”再先进的现代汽车，也需要人来正确地驾驶。驾驶人要不断学习提高自身修养和职业道德，提高安全意识，始终自觉遵守各项交通管理法规。作为培养合格驾驶人的驾校，要为当今社会经济的快速发展，国家的富强与社会的稳定和谐，为道路交通安全事业承担起应有的社会责任。

无论是发达国家还是发展中国家，无不努力地规范道路交通秩序，遏制道路交通事故的发生。驾驶培训行业是道路交通安全的第一道关口，这是驾驶培训人的共识，也是整个驾驶培训行业的责任担当。显然，我们做得还远远不够，在全面普及驾驶人素质教育的培训上，我们还有很长的路要走。我相信，我们会做得越来越好！